HISTORIAS DEL
HEAVY METAL

Redbook

HISTORIAS DEL
HEAVY METAL

Eloy Pérez Ladaga

MA
NON
TROPPO

ISBN: 978-84-120048-7-8
Depósito legal: B-18.331-2019

Impreso por Sagrafic, Passatge Carsi 6, 08025 Barcelona
Impreso en España - *Printed in Spain*

Índice

Para Ramón, Rafa, Félix y Lolo.
Saludos, capitanes.

INTRODUCCIÓN

La historia del heavy metal, como la de la mayoría de géneros musicales, a estas alturas se ha escrito del derecho y del revés. Desde una óptica rigurosa, divulgativa y/o irónica y enfrentándose a ello en cuanto a fenómeno musical, estético y hasta sociológico, no han sido pocos los escribas que han querido ofrecer estudios y ensayos al respecto. Biografías particulares aparte, obviamente. Lo cual nos lleva directamente a la primera pregunta que debería plantearse alguien al hojear este volumen en cualquier librería: ¿para qué otro libro sobre heavy metal? O lo que es lo mismo ¿no está la bibliografía metálica lo suficientemente saturada como para añadir otro título a la misma?

La respuesta que el autor puede ofrecerles es que obviamente no lo está, o no al menos desde la vertiente en que se ha planteado este libro. Si por algún casual han ido ustedes a parar en estas líneas y se plantean comprarlas para entender un poco mejor el origen, evolución y ramificaciones de esa cosa que se ha dado en llamar heavy metal, déjenme aconsejarles –en un ejercicio de honestidad que me honra, modestia aparte– que gasten su dinero en esa licorería que tienen al otro lado de la calle, o en la bolera de la esquina. Incluso en la pajarería del local adyacente. Una cotorra, un jilguero o un tucán les explicarán la historia del heavy metal con más propiedad de lo que un servidor lo ha hecho en este libro.

Porque básicamente y como su título indica, esto no es un libro sobre la historia de un género, sino sobre las pequeñas historias que jalonan cual metálicas tachuelas las biografías, estilos y décadas que han visto nacer y desarrollarse nuestra música. Y uso la primera persona del plural porque entiendo –y así lo he hecho desde que tengo uso de razón musical– que el heavy metal es una familia. Más que eso, es una logia. Un reducto lejos del mundanal silencio en el que encontrar semejantes y en el que, una vez admitido, nadie te prohibirá probar otros placeres ajenos… pero nunca renegando de tu adscripción como miembro. Si has sido heavy antes de ayer, hoy o mañana, lo eres para siempre. Lo contrario (negar el heavy antes de que cante el gallo) es motivo de oprobio, desprecio y –si en mi mano estuviera– destierro a Siberia en camiseta. Pero nos desviamos del tema…

Lo que usted, querido y potencial lector tiene ahora entre sus manos es una selección (podemos llamarle antología que queda más académico) de tragedias y catástrofes, de desmanes y desmadres. La anécdota, la curiosidad y la nota a pie de página elevada a historia principal. ¿Y qué tiene eso de interesante o relevante? se preguntarán ustedes. Para alguien mortalmente serio o adultamente aburrido, nada por supuesto. Pero para aquellos que, como un servidor, han disfrutado desde temprana edad con las leyendas, rumores y vicisitudes mil protagonizadas por sus héroes musicales, creo y quiero entender que tiene todo el interés del mundo.

Desde pequeñajo disfruté siempre tanto de la música que escupían mis vinilos de *Master of Puppets, Live After Death, Paranoid, Too Fast For Love, Pyromania, Overkill,* (no sigo, se me entiende) como de la literatura frívola que se dedicaba –antes de la red de redes– a (des)informar sobre las mil y una hazañas y gamberradas perpetradas por los héroes que firmaban esos álbumes. En otras palabras: el heavy metal se disfruta con los oídos y la entrepierna, pero la guarnición en forma de anecdotario es imprescindible –a mi entender– para que el plato principal gane en sabor y presentación.

Así que lo que he pretendido humildemente con este trabajo es compilar algunas de esas pequeñas y grandes anécdotas anexas a la biografía oficial de nuestras bandas metálicas favoritas. Relatos trufados de drogas y alcohol, sexo y crímenes, triunfos menores y desgracias mayores. Una especie de crónica de sucesos del metal –por resumirlo todavía más– sazonándola con datos relativamente poco conocidos y curiosidades varias.

Terminada esta introducción llega el momento de explicar presencias y ausencias. Ciertamente hay protagonistas en este libro cuya música puede no ser metálica al cien por cien, pero si se les ha incluido es porque desde siempre la parroquia metalera los ha admitido en su seno e incluso, en algunos casos, los ha elevado a los altares. Antes de que alguien grite que AC/DC o Motörhead no son heavy metal me adelanto y digo que estoy –parcialmente– de acuerdo, pero al mismo tiempo me escudo y contraataco afirmando que jamás he conocido a un metalhead que no adorara a ambas bandas, y los considerara de la familia.

Por otro lado y como en algún lugar había que poner la línea de corte, he ignorado vilmente a toda la hornada de bandas proto-heavys desde mediados de los sesenta. Empezando por los menos trillados –Sir Lord Baltimore, Captain Beyond, Josefus, Toe Fat, Lucifer's Friend– y siguiendo por los nombres habituales –Uriah Heep, Deep Purple, Cream, Blue Cheer, Led Zeppelin–, ninguno de ellos aparece en este libro. Se ha tomado como punto de partida más o menos oficioso el primer disco de Black Sabbath, en lo que estaremos más o menos de acuerdo, y a partir de ahí se han ido desgranando las anécdotas siguiendo una estructura un tanto caótica. Un caos voluntario, dada la naturaleza de lo que estamos contando. En cierto modo he querido seguir esa cadencia de conversación de bar en la que los amigotes de turno cogen un tema, lo destripan y saltan al siguiente dejando el anterior por concluir.

Aún así un simple vistazo al índice les revelará que incluso en un cajón de sastre como este, prevalece un mínimo criterio. Más que nada porque en caso contrario, la lectura de una sucesión interminable de anécdotas sin orden ni concierto creo que podría llegar a hacerse tediosa y hasta repetitiva.

También es cierto que hay una serie de nombres que tal vez esperen encontrar y puedan llevarse una decepción. Si se lo preguntaran... no, no aparecen Guns N'Roses. Jamás los he considerado mínimamente metálicos, fin de la explicación. Mötley Crüe aparecen de soslayo. ¿Por qué? Básicamente porque ellos solos dan para seis libros de anécdotas y un apéndice (a *Los Trapos Sucios* les remito). Death, Lamb of God, Dream Theater, Helloween, Mercyful Fate, Type O Negative, Fear Factory, Machine Head y cientos de otros ni están ni se les espera. O como mucho se les cita puntualmente. Por un tema de espacio, por un tema de falta de anécdotas jugosas o por un tema, simplemente, de propia voluntad del autor.

Vayamos terminando este rollo, no obstante. Y hagámoslo de la forma más íntegra y directa posible, poniendo sobre las mesas los pros y los contras si deciden finalmente llevarse este libro a casa, ya sea pasando por caja o disimulándolo bajo la cazadora.

¿Argumentos a favor?

–Se reirán con aquellas historias que ya sabían y se sorprenderán con otras que desconocían.

–Tendrán tema de conversación con los colegas y podrán hacerse los listillos desarmando leyendas urbanas y apostillando datos erróneos.

–Aumentarán su catálogo de conocimientos absurdos e inútiles, los únicos que resulta divertido adquirir, como bien saben.

–Y, por supuesto, con su dinero contribuirán a que pueda ampliar mi colección de coches antiguos con un Aston Martin del 68 al que le tengo echado el ojo desde hace tiempo.

¿En contra?

–En un 97,9% de ocasiones, mencionar alguna información contenida en los siguientes capítulos no les servirá en absoluto para ligar. Más bien al contrario, de hecho.

–El dinero que inviertan en la adquisición del libro ya no podrán gastarlo en cerveza (hasta yo mismo me lo pensaría).

–Y finalmente, seguro que a su derecha, en la sección de novela histórica, encontrarán algún nuevo título de cinco mil páginas repleto de catedrales y morralla templaria, y podrán estar a la moda.

Si una vez dicho esto ya han tomado su decisión (iba siendo hora pues el dependiente empezaba a mosquearse) y finalmente se me llevan con ustedes, solo queda desearles una amena, trivial y frívola lectura. Con que de vez en cuando esgriman una sonrisa o piensen «esto sí que no lo sabía», mis esfuerzos habrán quedado recompensados.

Una o más risotadas ya sería un triunfo absoluto.

Mío y, por supuesto, de todos estos cafres a los que tanto admiramos.

Barcelona, mayo de 2019

I. BLACK SABBATH

Mapledurham, Stonehenge y otras historias de fantasmas

«Sabbath eran jodidamente geniales. Parecían peligrosos y uno básicamente quiere que sus estrellas de rock parezcan gente peligrosa. Si lees
historia, no lees sobre las putas reformas agrarias en el Medievo. Lees algo
sobre Atila el sanguinario huno o sobre la conquista normanda de Bretaña.
Algo que tenga espadas. El tema del Mal es algo obvio para el rock and roll.
Mira las noticias cada noche. Eso es el Mal. Todos nosotros simplemente
cantamos sobre ello. No nos asusta.»

Lemmy Kilmister

Allá por 1969, Black Sabbath todavía no se llamaban así. De hecho nacieron el año anterior como The Polka Tulk Blues Band,
en referencia a una marca de talco que usaba la madre de Ozzy.
Un nombre no demasiado heavy que pronto cambiaron a Earth,
hasta que al poco se enteraron de que había otra banda en Londres que
se llamaba así (un combo psicodélico en el que militaba Glenn Campbell,
recién salido de The Misunderstood). Forzados a rebautizarse de nuevo,
cogieron la idea de un cartel en el cine que había justo delante de su local de
ensayo, que programaba el film *Black Sabbath* (1963), interpretado por Boris
Karloff. O esa es la versión más oficial, la que todo el mundo o casi da por
buena. Pero no es la única. Según otras fuentes, y aun siendo Earth, Butler había escrito un tema llamado «Black Sabbath», inspirado en *The Devil
Rides Out*, una novela escrita en 1934 por Dennis Wheatley –convertida en
film por la Hammer en 1968– en la que se describía un ritual satánico con
ese nombre. La banda habría decidido pues cambiar su nombre a partir de
ese tema. Y hay una tercera teoría todavía más rebuscada: ese mismo año
1969 una banda americana llamada Coven grabó un tema titulado «Black
Sabbath», que abría la cara A de su debut *Witchcraft Destroys Minds & Reaps
Souls*. Y para más inri, su bajista Greg Osborne se hacía llamar Oz. ¿Casua-
lidades de la vida? Tal vez, pero ahí dejamos la información y cada uno que
piense lo que quiera.

Drogas 1 - Satán 0

Dejémonos en cualquier caso de etimologías y entremos de lleno en el tema de los estupefacientes, que siempre resulta muy ameno y ejemplarizante. Como todo hijo de vecino metido en el mundo del rock a principios de los setenta Black Sabbath fumaban costo y maría hasta durmiendo y las rayas de coca, los quaaludes y demás mandanga circulaban por fiestas, camerinos y aviones privados en cantidades grotescamente industriales. Geezer Butler afirmó en una ocasión que la banda, durante la grabación de *Vol.4* (1972) se gastó aproximadamente 75.000 dólares en cocaína, lo que vendría a ser casi medio millón a día de hoy. Y eso es mucha coca. Pero mucha. En su autobiografía, *I Am Ozzy* (2009), Osbourne confesaba sin tapujos: «Esa coca era la cosa más blanca, pura y fuerte que puedas imaginar. Una esnifada, y eras el rey del universo».

Pero por más pasados que pudieran estar, mantuvieron siempre los límites en lo referente al satanismo y lo oculto en general. Por más que explotaran esa imagen, sabían perfectamente donde acababa la broma y empezaba lo serio, y por ende lo peligroso. Ozzy llegó a decir al respecto: «la única magia negra en la que Black Sabbath se metió alguna vez, fue en una caja de bombones». Debido a ello en los primeros años de su carrera rechazaron en cierta ocasión la oferta de un grupo de satanistas que les pidió que tocaran durante su celebración de «La noche de Satanás» en Stonehenge, uno de esos saraos que montan de vez en cuando los adoradores del Diablo en lugares místicos. La negativa a tocar en la noche de marras hizo que los despechados organizadores lanzaran un maleficio sobre la banda, algo que puede sonar a fantasmada pero ante lo que siempre es mejor tomar precauciones, vaya uno a saber. Así lo entendió Ozzy que le pidió a su padre, metalúrgico de profesión, que fabricara cruces de aluminio para toda la banda. Cruces que hicieron bendecir y que llevaban día y noche, protegiéndose de ese modo del embrujo que pesaba sobre ellos.

Metros por pies

El nombre de Stonehenge volvería a aparecer en el camino de la banda, no obstante, y esta vez por motivos mucho más divertidos. Para entenderlo debemos remitirnos a *This is Spinal Tap*, la descacharrante parodia dirigida por Rob Reiner y estrenada en marzo de 1984. Uno de los gags más conocidos de la película es aquel en el que la banda encarga un decorado que reproduzca el famoso monumento megalítico británico, pero encarga por error un modelo de dieciocho pulgadas en lugar de dieciocho pies; con lo cual una vez montado en escena queda ridículamente pequeño, apenas visible.

Pues bien, un año antes, en agosto de 1983, Black Sabbath publicaba *Born Again*, uno de sus discos más discutidos. La segunda canción del álbum es un breve instrumental titulado «Stonehenge» y para la gira de presentación decidieron hacer en la vida real lo mismo que Spinal Tap en el celuloide, pero además sin saber nada al respecto puesto que el film aún no había sido estrenado. Y lo que ocurrió fue todo lo contrario que en la pantalla: alguien había malinterpretado las medidas, calculando en metros lo que debían haber sido pies y en consecuencia, se acabó fabricando un escenario tan monstruosamente enorme que no iba a caber en ninguno de los recintos del tour, por más capacidad que tuviesen. Así lo recordaba Geezer Butler en una entrevista en 1995: «Teníamos al padre de Sharon Osbourne, Don Arden, como mánager. Se le ocurrió la idea de decorar el escenario en plan Stonehenge. Anotó las dimensiones y se lo dio a nuestro *tour manager*. Lo escribió en metros, pero quería escribirlo en pies. Y aquellos que lo fabricaron lo hicieron de quince metros en lugar de quince pies. Tenía en total cuarenta y cinco pies de alto y no cabía en ningún escenario, así que tuvimos que dejarlo en el almacén. Costó una fortuna, pero no había un edificio en todo el planeta en el que pudieras hacerlo entrar».

Fenómenos paranormales

Como decíamos un poco más arriba, la imaginería satánica que acompañó a Black Sabbath desde sus inicios realmente tenía más de atrezzo que de culto al diablo. Lisa y llanamente, ninguno de los miembros de Sabbath estaba realmente metido en movidas ocultistas a un nivel serio, pero su bajista Geezer Butler sí sufrió diversas experiencias paranormales. Una capacidad, la de contactar con el más allá, que le venía ya de lejos. «De pequeño tuve varias experiencias psíquicas» reconocía no hace mucho el bajista a la revista *Rolling Stone*. «Vi fantasmas en casa, cuando era niño. En una ocasión mi hermana y yo vimos a una anciana que bajaba las escaleras y nos quedamos helados. Era un fantasma, iba flotando por las escaleras. Crecí en una casa victoriana algo rara. Otro día salí de mi habitación y había un tipo parado allí, mirando las escaleras, vestido con ropa de los años veinte. Y en un instante, simplemente, desapareció.»

Pero de todas ellas, la más conocida fue la que años más tarde inspiró la canción homónima de su primer álbum: «Justo me desperté de un sueño y ahí estaba esa cosa negra, mirándome. Solo duró un segundo, pero me puso los pelos de punta. Se lo conté a Ozzy, a Tony y a Bill, en aquel momento era algo bastante aterrador. Creo que eso fue lo que inspiró a Ozzy a crear la letra que abre la canción: ¿qué es esto que está delante de mí?». Obviamente la famosa portada de su debut, con una figura espectral en un paisaje tétrico y con el famoso molino de Mapledurham al fondo no fue ajena tampoco al episodio sufrido por Geezer.

Aunque tampoco sería la última vez que Sabbath se vería acechado por los espíritus. Durante la grabación de *Sabbath Bloody Sabbath* en 1973 la banda alquiló una mansión llamada Clearwell Castle en el llamado Forest Of Dean, no muy lejos de su Birmingham natal. ¿Y qué mejor sitio para que un fantasma se pase a saludar que un caserón gótico de principios del XVIII? Así lo relataba Phil Alexander, editor de Kerrang en el libreto del CD de *Reunion* (1997): «Cuando estaban en Clearwell, Tony mantiene que Sabbath no estaban solos. 'Ensayamos en la armería y una noche estaba caminando por el pasillo con Ozzy, y vimos a esa figura envuelta en una capa negra' recuerda el guitarrista. 'Dije '¿Quién es ese?' y Ozzy contestó 'No lo sé'. Seguimos a la figura de nuevo hacia la armería y al entrar, allí no había absolutamente nadie. ¡Quienquiera que fuera se había desvanecido en el aire! Los dueños del castillo lo sabían todo sobre el espíritu y dijeron 'Ah, sí, es el fantasma de tal y tal'. Nos quedamos en plan '¿Cómo dices?'». Por lo que cuentan, desde esa experiencia ninguno de ellos volvió a pernoctar en el caserón. A grabar de día y en cuanto oscurecía... ¡hala, a casa! mañana será otro día.

Pentagram, los primos americanos

Fantasmas, apariciones, espectros, presencias y mal rollo en general no fueron ni son competencia exclusiva de Iommi y sus muchachos. Ese es el caso de Pentagram, precursores del heavy y el doom al otro lado del charco y cuya historia –paralela en cierto modo a la de los de Birmingham pero infinitamente menos exitosa– está igualmente jalonada por encuentros inquietantes, por no decir abiertamente terroríficos.

Cuenta Bobby Liebling, líder y fundador de los virginianos que en los primeros tiempos de la banda estaba metido hasta las trancas en toda clase de artes ocultas y satanismo, era miembro de la Iglesia Satánica en el área de Washington DC y hasta asegura que llegó a formar parte de un aquelarre real. Una afición muy en boga por aquel entonces a la cual Bobby puso fin de modo apresurado tras una experiencia de las de manchar los calzones: «Una noche estaba en casa de mi amiga. Siempre teníamos cerca de nosotros un par de copias de la Biblia Satánica de Anton Lavey, y libros sobre brujería y ocultismo. Era cuatro de julio y estábamos completamente sobrios, en el sótano, leyendo la Biblia Satánica cuando de repente empecé a exhalar una ligera niebla por mi boca. Estaba tan metido en la lectura que no me había dado cuenta de que la habitación se había quedado congelada. Todas las tuberías del sótano estaban cubiertas de gotas de agua que se convertían en pequeños carámbanos. Las ventanas estaban cubiertas de escarcha y la estancia entera estaba bajo cero. Y eso fue en un lapso de entre diez y veinte minutos. Me asusté tanto que no lo he olvidado jamás. Para mi aquello fue una señal que decía: «estás enredando con el tema equivocado, colega».

Fue tal el acojone que le entró a Liebling que inmediatamente después de aquello se deshizo de todos los artilugios ocultistas y abandonó el asunto por completo. Pero según Joe Hasselvander, ex batería de Pentagram y posteriormente de Raven, Liebling nunca se libró del todo del influjo maligno revelado entonces: «Bobby conjuró alguna cosa que lo asustó de muerte, se largó de la casa y nunca volvió allí. Pero se supone que debes cerrar las puertas que dejas tras de ti, y ellos nunca lo hicieron. Creo que en parte es por eso por lo que ha tenido tantos problemas en su vida con las adicciones a las drogas y la falta de éxito».

Hasselvander no hablaba por hablar, puesto que él, a su vez, había sufrido algo parecido. Viviendo en una casa en Nueva York junto a otros miembros de Raven, Joe encontró unas cartas del tarot que se remontaban a los juicios de brujas en Salem, cartas que asegura «estaban cubiertas de sangre humana. Eran horripilantes». Se quedó con unas diez de ellas y casi destruyeron su vida. Al parecer en dos de esas cartas residía un espíritu, y la persona que estaba atada a ellas había invocado demonios (probablemente era responsable de la histeria en torno a todo lo ocurrido en Salem). El ente hacía que la gente perdiera la razón, enviándoles objetos malditos: «originó un increíble brote de poltergeist en mi casa y tuve que mudarme (…) El agua de los retretes se volvió negra, todo se infestó de moscas, los objetos salían despedidos de las estanterías contra nosotros. La casa entera empezó a oler a Rosewater Lavender, una colonia que la gente usaba en el siglo XVII. Tratábamos de instar al espíritu a irse, pero solo cambiaba de estancia». Finalmente Joe descubrió quién era esa presencia y encontró la manera de retornarlo a Salem. A partir de ahí se realizaron diversos exorcismos sobre la casa hasta que finalmente pudo irse sin efectos residuales.

¿Fin de la historia? No del todo porque el batería guardaba un golpe de efecto para el final de la entrevista: «Hoy día soy una persona muy religiosa debido a todo aquello. Y no profundizaré más en el tema, pero sí diré que Cliff Burton de Metallica tenía la otra mitad de los artefactos que yo tenía, y sinceramente creo que lo mataron». Ahí queda eso.

Pero volvamos a Sabbath durante un instante para constatar que no fueron los únicos que llegaron a grabar en un castillo encantado. Leyendo y rastreando las crónicas metálicas de las últimas décadas, encontramos diversos ejemplos de lugares en los que las sesiones de grabación se vieron alteradas por ectoplasmas juguetones. Uno de los más famosos, el estudio conocido como The Mansion.

El estudio embrujado

The Mansion es un caserón de diez habitaciones en el área de Laurel Canyon en Los Angeles, que fue propiedad del productor Rick Rubin durante unos años y en el que se dice que vivió el mítico ilusionista Harry Houdini a principios del siglo XX.

Originalmente construido en 1918, el edificio original sucumbió en un incendio en 1959 y sobre sus cimientos, unos años más tarde, se construyó la nueva mansión reconvirtiéndola en un estudio de grabación. Un estudio entre cuyas paredes han trabajado artistas del calibre de Red Hot Chili Peppers, Linkin Park, Marilyn Manson, The Mars Volta, System of a Down o Audioslave entre otras.

Y un estudio, también, en el que se han detectado no pocos e inquietantes fenómenos paranormales. De hecho se cuenta que la casa ya estaba embrujada desde sus orígenes, cuando el hijo de un comerciante de muebles arrojó a su amante desde uno de los balcones.

En 2004, durante la grabación simultánea de *Mezmerize* e *Hypnotize* por parte de System of a Down, Heidi Robinson, la publicista de Rick Rubin, tuvo un encuentro que todavía hoy le pone los pelos de punta. Una mañana en la que llegó a The Mansion antes que nadie para organizar las entrevistas y sesiones de fotos del día, se sentó en el comedor frente a la gran escalera de caracol, de espaldas a la entrada de la casa. Y entonces sintió algo a su espalda. Una sensación que se fue haciendo más y más incómoda: «no era nada malo, pero era obvio y subió tanto de intensidad que sentí claramente que algo estaba justo detrás de mí». Al girarse no vio a nadie, pero al volver la vista al frente una figura apareció frente a ella. El fantasma de una mujer vestida de blanco, bajando las escaleras. «No había brisa en la casa, pero la ropa que llevaba puesta flotaba al viento». Y entonces se detuvo. Heidi no está segura de si la mujer la vio o no, pero finalmente la espectral figura se dio la vuelta y regresó escaleras arriba. Por su parte el guitarrista de la banda, Daron Malakian aseguraba que cada madrugada, a las cuatro en punto, los tubos de su *ampli* empezaban a hacer cosas raras; pero comparado con la experiencia de Heidi, lo suyo la verdad es que resulta menos impactante.

Un año antes de esos sucesos, Slipknot habían estado viviendo en la casa mientras grababan su tercer disco *Vol. 3 (The Subliminal Verses)*, y también tuvieron sus más y sus menos con los inquilinos insustanciales. En palabras de Joey Jordison, su batería: «Estabas ahí parado y de repente algo te empujaba, mirabas alrededor y no había nadie. Mi puerta se abría sola cada día entre las nueve y las nueve y media de la mañana, durante las dos primeras semanas, hasta que coloqué un ladrillo para evitarlo. Un día estaba lavando la ropa en el sótano y entré en una habitación y sentí como si algo caminara a través de mí, como si me traspasara. Me acojoné vivo. Y dejé de bajar al puto sótano». De hecho, lo primero que hacían todos los miembros de la banda cuando se reunían en el estudio todas las mañanas era hablar sobre los extraños acontecimientos de la noche anterior. Su cantante, Corey Taylor, incluso afirmó haber visto apariciones en su habitación en más de una ocasión. Pero eso, en el caso de Taylor, es más habitual de lo que parece. Vean ustedes el cuadro adjunto si no nos creen.

Una vida entre espectros

Aparte de liderar a Slipknot y Stone Sour, Corey Taylor es un personaje tan ubicuo como hiperactivo. Actor y presentador, activista político y escritor, el de Des Moines parece haber alcanzado en los últimos años una cierta estabilidad en una vida marcada, en algunos periodos, por una dependencia absoluta del alcohol y las drogas. Tras publicar en 2012 un primer libro –Seven Deadly Sins– de carácter autobiográfico, al año siguiente sorprendió a propios y extraños con una obra en la que explica sus continuadas –casi habituales po-dría decirse– experiencias con lo sobrenatural mientras filosofa a ratos sobre religión. A Funny Thing Happened on The Way to Heaven (Or, How I Made Peace with The Paranormal and Stigmatized Zealots and Cynics in The Process) cuenta –en su habitual estilo directo y desenfadado– su primer encuentro con un espectro, cuando tenía nueve años y junto a algunos amigos se embarcaron en la clásica aventura de colarse en una casa abandonada del pueblo. A partir de aquel primer susto, según Taylor su vida ha sido una gran sucesión de acontecimientos sobrenaturales.

Historias sobre ver una sombra oscura en un campo de maíz tratando de atacarle, sobre una vez que fue empujado escaleras abajo por una fuerza malévola y ultraterrenal...

Leyendo A Funny Thing Happened… uno tiene la sensación de que cada vez que Corey se compra una nueva mansión, en el precio van incluidos los espíritus de unos cuantos niños siniestros. Pero lo cuenta con tanta sinceridad y detalle que uno no puede por menos que –aparte de disfrutar– otorgarle una cierta credibilidad o, como mínimo, el beneficio de la duda.

PORTADAS CON HISTORIA
BLACK SABBATH

Black Sabbath
(Vertigo, 1970)

Legendaria como pocas, la portada del debut homónimo de Black Sabbath puede considerarse casi por entero la obra de una sola persona: Keith Mac-Millan, más conocido como Marcus Keef para evitar confusiones con otro fotógrafo contemporáneo. Responsable del aspecto gráfico en Vertigo Records, la recién creada subdivisión del sello Phillips/Phonogram, Keef supo plasmar a la perfección el espíritu de la música contenida en aquel álbum destinado a cambiar tantas cosas.

La sesión tuvo lugar en el molino de Mapledurham, en Oxfordshire. Construido en el siglo XV, se mantuvo en funcionamiento hasta poco antes de la Segunda Guerra Mundial y a día de hoy todavía está en uso, básicamente como atracción turística. Tras hacerse mundialmente famoso a raíz del disco, el molino volvió a tener su minuto de gloria seis años más tarde al ser escogido para grabar unas escenas de *The Eagle Has Landed*, la última película de John Sturges.

Pero la estrella de la portada era sin duda esa inquietante, fantasmal figura femenina vestida de negro en primer plano. Según Johnny Morgan y Ben Wardle, autores del libro *The Art of the LP: Classic Album Covers 1955-1995* (2010): «la figura espectral con ropajes oscuros es una actriz contratada por el diseñador de Vertigo, «Keef» Macmillan (...) Si nos fijamos con atención, supuestamente está sosteniendo un gato».

En su día las teorías y elucubraciones al respecto de aquella portada fueron incontables. Se dijo que se trataba de una auténtica bruja retratada durante un aquelarre, de Ozzy travestido e incluso que simplemente no estaba allí cuando se hizo la foto y su imagen «apareció» durante el revelado. Pero siendo solo divertidas conjeturas, la pregunta sería quién era en realidad aquella modelo. Curiosamente su identidad concreta sigue siendo una incógnita a día de hoy, y lo único que se ha dado por –medio– válido es que se tal vez se llamara Louise, y que nunca más se supo de ella...

¿Nunca más? Bueno, no del todo. Según contó Geezer Butler en el libro *Fade to Black* (2012): «Teníamos un bolo en Lincolnshire, creo que era, y esa chica se nos acercó, vestida igual que en la portada. Y supuestamente era aquella persona. Si es verdad o no, no hay manera de probarlo». Y mejor así. Hay algunas cosas que es mejor que sigan rodeadas por un cierto halo de misterio.

II. AC/DC

Satanismo, mujeres enormes y asesinos en serie

Hoy día AC/DC es un clásico en vida, una banda que ha trascendido géneros y ha unido a varias generaciones de fans no solo del heavy metal sino del rock en general, y no resulta difícil ver a chavales muy jóvenes –cuando no niños directamente– en sus conciertos, luciendo sus camisetas y coreando sus temas. Pero no está de más recordar que no hace tanto tiempo (al menos en un sentido cósmico) la banda de los hermanos Young fue paradigma de todos los males atribuidos al heavy y acusada, especialmente en los Estados Unidos, de adoradores de Satán. Visto desde el prisma actual puede resultar curioso, gracioso de hecho, pero si tenemos en cuenta que en los setenta y buena parte de los ochenta los círculos religiosos más fundamentalistas tenían una gran influencia sobre la Administración y buena parte de la opinión pública americana, no es de extrañar que hubiera una época en que a los australianos les pusieran las cosas más difíciles de lo normal.

¿Qué rima con satánico?

Los primeros intentos de relacionar a la banda con el Señor de las Tinieblas partieron de rumores y conjeturas bastante chapuceros. Recordemos que AC/DC es un acrónimo de Alternating Current/Direct Current (Corriente Alterna/Corriente Continua), un mensaje que aparece en muchos aparatos eléctricos, en su caso en la máquina de coser de Margaret, hermana de Angus y Malcolm y que ambos –a instancias de su cuñada Sandra, mujer de George Young, de The Easybeats– consideraron que era un nombre adecuado por sus connotaciones eléctricas. Lo que no sabían es que además era un término que hacía referencia a la bisexualidad, lo que provocó más de un cachondo malentendido en sus inicios.

Sea como fuere, a los fanáticos de la Biblia esos melenudos que hacían cuernos y que tenían una cierta afición por lo infernal en sus canciones no les parecían trigo limpio; si le añadimos la imagen demoníaca de Angus en la portada de su mítico álbum de 1979 y el colgante de Bon Scott en forma de pentagrama (apuntando hacia arriba, detallitos) la cosa no admitía discusión: culpables. ¿Cómo demostrarlo? Lo primero fue buscar dobles sentidos, mensajes escondidos y referencias al demonio en sus canciones (ya saben ustedes: «Hell Ain't a Bad Place to Be», «Hell's Bells», «Highway to Hell», «C.O.D.»…), que hallaron hasta donde no las había. Lo segundo, sugerir que el rayo en su logo –creado por Bob Defrin, director artístico de Atlantic Records y por el famoso diseñador gráfico Gerard Huerta– era la S de Satanás, magnífico alarde de inventiva que superaron con la siguiente campaña desvelando los diversos y muy aterradores significados ocultos tras las siglas de su nombre. Atiendan que esto saldrá en el examen, a saber: Antichrist/Devil's Children (Anticristo/Hijos del Demonio), Antichrist/Devil's Crusade (Anticristo/ Cruzada del Demonio), Antichrist/ Death Christ (Anticristo/ Muerte a Cristo) e incluso Antichrist/Devil Comes (Anticristo/Llega el Demonio). Obviamente y como cualquier persona en sus cabales sabía, los muchachos tenían de satanistas lo que ustedes y un servidor de aficionados al reggaetón. El propio Brian Johnson trató de quitarle hierro al asunto declarando «bastante tenemos con hacer que cada puta línea rime con la siguiente como para ir metiendo mensajes satánicos en medio»; pero si todo ello –pese a las consabidas trabas comerciales que comportaba– no iba más allá de una serie de mamarrachadas sin ninguna base real, en marzo de 1985 se estableció una inesperada y siniestra conexión que alentó a sus detractores a continuar con sus delirantes teorías.

Richard Ramirez

Desde el año anterior una serie de crímenes habían asolado el condado de Los Angeles; un malnacido andaba suelto violando y asesinando a la gente en sus propias casas hasta que, en una de ellas, dejó atrás una gorra con el logo de AC/DC. Los buitres empezaron a volar en círculos. Cuando el más listo de ellos advirtió la similitud entre el alias con el que la policía se refería al misterioso asesino (The Night Stalker) y el tema «Night Prowler» que cerraba *Highway To Hell*, el gran carnaval ya no tuvo freno. Dio igual que la banda tratara de explicar que «Night Prowler» iba de un chaval que trata de colarse por la noche en la habitación de su novia para hacer guarrerías; los tabloides sacaron petróleo de esas coincidencias, llegando al paroxismo medio año más tarde cuando Richard Ramírez fue finalmente detenido en L.A.

A lo largo del juicio, uno de los más mediáticos de los años ochenta, el asesino se mostró como un psicópata con cero arrepentimiento, pero lo que algunos trataban era de establecer equivalencias entre sus actos y AC/DC. Ray Garcia, amigo de la infancia de Ramirez en su El Paso natal confirmó que este escuchaba de jovencito a los australianos, con lo que titulares como «La Música de AC/DC me hizo matar a 16 personas, admite el Night Stalker» o «Asesino en serie movido por el rock y la adoración al Diablo» estaban a la orden del día en el maravilloso mundo del amarillismo.

La instantánea del asesino en el juicio mostrando un pentagrama (este sí, invertido) grabado en la palma de su mano, símbolo que también había pintado en el escenario de alguno de sus crímenes, cerraba el círculo. AC/DC –y por extensión el heavy metal– te hace adorar a Satán y si no vigilas, convertirte en un abyecto criminal.

La verdad es que los muchachos lo pasaron mal un tiempo con todo este follón, pero por suerte siguieron adelante con su carrera, acumulando éxitos y reconocimiento y dejando cada vez más atrás todas esas paridas del satanismo.

Línea erótica

Pero si escuchar sus discos no te servía para invocar a Baphomet en el salón de tu casa, lo que sí podía pasarte es que se les ocurriera meter tu número de teléfono en la letra de una de sus canciones.

Eso es justamente (bueno, más o menos) lo que ocurrió con el matrimonio White y el tema «Dirty Deeds Done Dirt Cheap». Hartos de recibir cientos de llamadas telefónicas «obscenas, sugerentes y amenazadoras» pidiendo diversos servicios sucios a precios bajos los White interpusieron una demanda en el Tribunal de Primera Instancia de Lake County, Illinois contra Atlantic Records y sus distribuidores. Según alegaban, su número de teléfono estaba incluido en la canción, pero lo que había ocurrido en realidad es que los dígitos 36-24-36 de la primera estrofa iban seguidos de un ¡hey! que muchos oyentes interpretaron erróneamente como *eight* (ocho) coincidiendo entonces sí con el teléfono de la pareja. Norman y Marilyn White pedían una indemnización de 250.000 dólares (no se pusieron por poco, los señores) y que la banda regrabara la canción, pero un juez falló en su contra. No hay constancia de que hubiera alegaciones y cabe suponer que, tras no conseguir sacar tajada, hicieron lo más lógico: llamar a la compañía y pedir un cambio de número.

En cualquier caso las conexiones demoníacas o los teléfonos eróticos son solo dos gotas de agua en un inmenso océano de anécdotas y tribulaciones para esta banda que, en los últimos tiempos, se ha visto sacudida por el infortunio. Desde los problemas judiciales de Phil Rudd, su mítico batería, hasta la muerte de Malcolm o la sordera de Brian Johnson, la segunda década del nuevo milenio no está resultando óptima para ellos que digamos. Pero para recuperar el buen humor y, de paso, las ganas de meterse unas cuantas pintas entre pecho y espalda nada como recordar unas cuantas anécdotas de los buenos y viejos tiempos.

Bon Scott

La primera y primordial es para recordar que Angus no siempre tuvo esa pinta en escena. En los tiempos primigenios la banda flirteó con la estética glam de la época, y el pequeño guitarrista mostró una especial predilección por los disfraces saliendo a escena vestido de superhéroe, de El Zorro ¡e incluso de gorila! Hasta que en 1974, en un concierto en el Victoria Park de Sidney, se enfundó en su viejo uniforme de la Ashfield Boys' High School, un conocido instituto de la ciudad. La idea había partido de su hermana y de

Malcolm y, cosas de la vida, funcionó pese a lo estrambótico que pudiera parecer tener en una banda de hard rock a un tipo chaparro vestido de colegial. En fin, siempre nos quedará la duda sobre si hubieran conseguido el mismo éxito con Angus vestido como el resto de la banda. O disfrazado de gorila, ya puestos.

Pero si alguien destacaba en aquellos AC/DC originales era Bon Scott. Por su voz, su carisma y las mil y una historias que protagonizó, casi siempre con las mujeres, el alcohol y las drogas como protagonistas. Escocés emigrado a Australia al igual que los Young, Bon era una peculiar mezcla de galán y juerguista, un donjuán  intoxicado que pese a sus tropelías dejó recuerdo como un amigo leal, un compañero divertidísimo y un amante mucho más considerado de lo que era habitual por entonces en el mundillo. Claro que ello no fue óbice para que dejara anécdotas tan jugosas como la que cuenta el ex mánager de la banda Michael Browning en su libro *Dog Eat Dog* (2014): «Fue uno de esos momentos en los que Scott se había extraviado nuevamente en el oscuro mundo de la droga. En esta ocasión, un par de chicas le pasaron una dosis de heroína, lo que le hizo ponerse de un particular tono de verde. Trataron de reanimarlo dándole una especie de anfetamina y cuando eso no funcionó, lo llevaron al hospital, donde se recuperó. Cuando lo visité al día siguiente, estaba más alegre, divirtiéndose un poco con un par de enfermeras. Y entonces me comentó que la última vez que estuvo en el hospital fue a visitar a dos mujeres que estaban teniendo hijos suyos». Parece que Bon hizo diana la misma noche nueve meses atrás, o en noches consecutivas; pero no me negarán que ir a visitar a las madres de dos hijos tuyos al mismo hospital, al mismo tiempo y por separado, no es algo que esté al alcance de cualquiera.

Como tampoco lo es tener las pelotas como para dedicarle una canción a una mujer obesa y grandota y convertirla en un clásico. La afición de Bon por las mujeres de curvas pronunciadas era bien conocida; Angus solía llamar «las gemelas jumbo» a un par de groupies con las que Bon solía retozar, pero la historia de la mujer que pasaría a la Historia como «Whole Lotta Rosie» la contaba el propio Bon en una pista de audio incluida en la box set

Bonfire (1997): «Estábamos todos en el mismo hotel (el Freeway Gardens, en Melbourne, N. Del A.) y esa chica Rosie vivía al otro lado de la carretera (…) era demasiado grande para decirle que no. Solía mirar qué banda estaba en la ciudad, llegaba con un «hola muchachos» y nos íbamos a una fiesta. Vino a uno de nuestros shows, en realidad ella era de Tasmania, y estaba ahí en primera fila. Hacía casi metro noventa y debía pesar unos 120 kilos. Esa chica era una montaña. Así que puedes imaginar los problemas que tuve. No me quedó otra que sucumbir... tuve que hacerlo. Dios mío, ojalá no lo hubiera hecho». Pat Pickett (mítico *roadie*, técnico de la banda y amigo personal de Bon) contaba que aquella mañana se levantó, echó un ojo a la habitación del cantante y vio a una enorme mujer en la cama…y un pequeño brazo tatuado asomando por debajo de su cuerpo. Ciertamente la palabra, como decía Bon, parecía haber sido «sucumbir».

Pese a su envergadura, no ha quedado testimonio gráfico de la tal Rosie, y hoy día los fans tenemos que contentarnos con hacernos una idea –ejem, aproximada– de cómo era a través del inflable gigante que aparece en sus shows cada vez que suena la canción.

En el Freeway Gardens Motel mencionado antes tuvo lugar otro hilarante episodio con Bon de protagonista. Durante una fiesta alguien le ofreció cinco dólares si se tiraba a la piscina desde el apartamento. El cantante le dijo que subiera a diez pavos y delante de todo el mundo se lanzó a la piscina del hotel desde el balcón del segundo piso en el que estaban, consiguiendo una estupenda puntuación en su salto. Angus, allí presente, no lo disfrutó como el resto y agarrando al tipo por las solapas le dijo que jamás volviera a provocar a Bon para hacer algo así. Según sus propias palabras en una entrevista a la revista *Guitar World*: «Aceptar apuestas era algo que le encantaba hacer en las fiestas. Cuando se trataba de retos como ese, no sentía miedo alguno».

El anecdotario con el cantante de protagonista podría no tener fin: Bon lanzándose con una cuerda por encima del público en Melbourne en 1977 y pegándose el morrón padre, Bon dándole un puñetazo a un empleado de Atlantic Records cuando este le preguntó si él era AC o DC, Bon perdiéndose camino del escenario y acabando en la calle, teniendo que convencer a la seguridad de la sala que él era parte del grupo que actuaba y que le dejaran entrar de nuevo… docenas de vivencias pasadas de vueltas hasta esa última y aciaga noche de 1980 en que, tras una tremenda ingesta de alcohol con un colega en un local de Londres, este no pudo despertarle y le dejó sentado en el asiento del copiloto de su coche, para encontrarle ya sin vida al día siguiente. Un final trágico para una vida intensa como pocas.

Calle de AC/DC

Desde el 22 de marzo del año 2000, la banda tiene una calle dedicada en la localidad de Leganés (Madrid), llamada Calle de AC/DC. Cuatro años antes, ojo al dato, de que en Melbourne se renombrara la Corporation Lane como AC/DC Lane.

Malcolm y Angus viajaron a España e inauguraron la calle junto al alcalde de la ciudad, José Luis Pérez Ráez y frente a más de un millar de seguidores llegados desde varios puntos de España (algunos incluso de otros países). Más tarde en el centro cultural de Las Dehesillas se celebró una rueda de prensa para la que se acreditaron más de doscientos cincuenta medios. Malcolm afirmó que «ha habido grandes momentos a lo largo de nuestra carrera, pero este es uno de los más especiales y nos sentimos muy honrados».

El mismo día de la inauguración la placa fue robada y repuesta a las pocas horas. Tres días después alguien la afanó de nuevo, y así otra vez y otra… Hasta que visto lo visto, el Ayuntamiento de Leganés decidió finalmente sacar a la venta réplicas de la dichosa placa, para que los fans dejaran de una puñetera vez de subirse a la esquina de la calle y llevarse a casa la oficial.

III. JUDAS PRIEST
Toda fe necesita sacerdotes

Excesos con las drogas y el alcohol, homosexualidad reprimida, suicidios, juicios...y una cantidad de clásicos prácticamente infinita. Judas Priest son, con permiso de Black Sabbath y Iron Maiden, la banda que mejor define el heavy metal entendido en un sentido clásico. Sentando con *Sad Wings of Destiny* (1976) las bases de un sonido destinado a convertirse en banda sonora de varias generaciones, los de Birmingham reinaron de forma indiscutible en los ochenta, al tiempo que engrosaban su leyenda con disparatados trucos escénicos, avalanchas de alcohol y visitas a los juzgados.

Ametrallando al público

En cierta ocasión en los albores de la banda Rob tuvo una idea para lo que en principio parecía un brillante truco escénico. Incluyendo en el repertorio de directo el tema «Genocide» de su clásico *Sad Wings of Destiny*, el cantante propuso a la banda sacar una metralleta en escena al término de la canción y «disparar» con ella al público.

Al resto de la banda le pareció genial, obviamente, así que se pusieron en contacto con un experto en armas, que les facilitó una metralleta de verdad y les acompañó de gira. Como es lógico el arma iba cargada con munición de fogueo (con munición real ya hubiera sido pasarse) pero el estruendo al dispararse, el humo que desprendía y todos los –falsos– casquillos que se desparramaban sobre el escenario dejaban al público entre atónito y cagado.

Finalmente encontraron no pocos problemas con las autoridades porque los bomberos locales temían que el arma fuera real y que aquello fuera a causar una revuelta. Halford asume que no iban desencaminados:«Tenían razón, porque había multitudes que parecían confundidas y se podía ver que pensaban 'por Dios, eso no es una ametralladora real. ¿Es de plástico? ¡No, es real! ¿Qué está pasando? ¿Qué coño significa esto?' Entonces yo los miraba y los señalaba directamente. Nadie sabía de antemano lo que estaba sucediendo, así que la sensación entre el público era una mezcla de puro horror y de 'Oh, Dios, esto mola mucho'».

Ibiza Mix

Cuando uno piensa en las historias más *destroyer* del heavy metal, el nombre de Judas no suele ser de los primeros en venir a la mente, pero hubo una época –básicamente la primera mitad de los ochenta, entre *Point of Entry* (1981) y *Defenders of the Faith* (1984)– donde adoptaron el clásico estilo de vida pasado de vueltas que casi toda banda con éxito experimenta en un momento u otro. Coca a toneladas, alcohol por hectolitros, fiestas y desparrames y la clásica afición por redecorar hoteles con la espuma de los extintores.

Y de todas esas experiencias en el lado salvaje, algunas de las más recordadas tuvieron lugar cuando la banda se trasladó a la isla de Ibiza para grabar en los estudios de Ibiza Sound. Como es tradición entre guiris de todo pelaje, aterrizar en las Baleares y tener barra libre para hacer el imbécil fue todo uno. Motocicletas que acabaron en estanques, coches de alquiler devueltos para el desguace y un ambiente general de descontrol las veinticuatro horas que cristalizaría en un episodio tan lamentable como hilarante: cierto día K.K. Downing fue atropellado por un taxi y el otro guitarra de la banda, Glenn Tipton, se encargó de administrar los primeros auxilios a su compañero. Mala decisión, porque como recordaba el propio Halford «Glenn estaba en pleno viaje de ácido, así que hundió sus manos en agua hirviendo mientras intentaba limpiar las heridas. Se quemó las manos, obviamente, y K.K. estaba envuelto en tantos vendajes que parecía una momia egipcia. No

pudo caminar durante una semana». Días de vino y tripis que terminarían
de forma abrupta a mitad de la década con una serie de infortunios que les
harían replantearse –especialmente a Halford– el camino que transitaban y
en cuyo término, de no frenar, acabarían estrellándose.

Instrumentales improvisados

La imagen de Halford entrando a escena a lomos de su Harley–Davidson
cuando empieza «Hell Bent For Leather» forma parte indisoluble no solo
de Judas, sino de la imaginería metálica en general pero en alguna ocasión la
performance ha sufrido algún que otro leve percance. Como en Toronto, en
1991, donde Rob casi se parte la crisma. Era el último concierto de la gira de
Painkiller y alguien puso la intro demasiado pronto, así que todos salieron
del camerino como locos tratan-
do de llegar a tiempo al escenario, montados en carritos de golf
(¡!).

   Halford llegó el primero junto
a Glenn Tipton. En esa gira la
moto salía de la tarima de la batería; las escaleras de la tarima se
levantaban con un mecanismo
hidráulico y todo estaba sincro-
nizado perfectamente, pero debido al lío con la introducción,
decidieron comenzar de nuevo.
El problema fue que nadie se lo
dijo a Rob, que empezó a avanzar con la Harley mientras los técnicos ya habían comenzado a bajar las escaleras otra vez. Justo al salir el último escalón
le dio en toda la cabeza, tirándole al suelo. Él por un lado y la moto por otro
mientras el resto de la banda empieza a tocar: «nadie podía encontrarme
debido a todo el hielo seco que había, cuando de repente noté un pie gol-
peándome, miré hacia arriba y vi a Glenn dándome empujoncitos. Era algo
rollo Spinal Tap».

   Por suerte, pese al castañazo y con el tabique roto Rob pudo seguir adelante con el concierto mientras los fans se preguntaban por qué Judas les
había ofrecido aquella versión instrumental de «Hell Bent For Leather».

El secreto peor guardado del heavy metal

Halford llevó muy mal, durante mucho tiempo, el no atreverse a salir del armario. El mundo del heavy metal en general, y del heavy metal británico en particular todavía era insidiosamente homófobo y a pesar de que las pistas eran más que evidentes –la supuesta estética motera de Halford era puro gay s&m–, no se atrevía a hacer pública su homosexualidad, ocultando su naturaleza y sus relaciones. El alcohol y las drogas fueron el modo de evasión principal ante una realidad que le superaba. Hasta que en 1985 un horrible incidente con su pareja por aquel entonces, lo cambió todo. Ambos mantenían una relación especialmente turbulenta, plagada de cocaína y peleas a puñetazos. Cierto día, tras una discusión especialmente violenta, Halford salió dando un portazo y paró un taxi en la calle: «Cuando estaba subiendo al taxi –confesó el cantante tiempo después– se me acercó y me dijo: 'Mira, solo quiero hacerte saber que te quiero mucho'. Y cuando se dio la vuelta, vi que tenía una pistola. Momentos después se llevó el arma a la cabeza y se quitó la vida». Poco después Halford entraría en rehabilitación, consiguiendo limpiarse y mantenerse sobrio hasta el día de hoy.

Por otro lado, el cinco de febrero de 1998 Halford saldría por fin del armario. En un ambiente social mucho más abierto y tolerante que el de diez años atrás y en una entrevista para la MTV, declaró: «Creo que la mayoría de la gente sabe que he sido gay toda mi vida y que se trata de un tema que solo en los últimos tiempos me siento cómodo de abordar». El bajista de la banda, Ian Hill (el cual por cierto estuvo casado con la hermana de Halford entre 1976 y 1984) declaró que la banda solía referirse a la homosexualidad de Rob como «el secreto peor guardado del heavy metal».

En el banquillo de los acusados

En diciembre de 1985 dos jóvenes de Nevada –Raymond Belknap, de 18 años, y James Vance, de 20– pasaron seis horas bebiendo, fumando hierba y escuchando una y otra vez el cuarto álbum de Judas, *Stained Class* (1978). Tras el ritual, nada extraño para un par de chavales fans del heavy metal, llevaron a cabo algo que sí se salía de lo normal: un pacto suicida. Cogieron una escopeta cada uno, fueron hasta un parque cercano a sus casas, las colocaron bajo sus barbillas y apretaron el gatillo. Belknap murió en el acto, pero Vance no, aunque quedó seriamente malherido y falleció tres años después.

Pero antes de morir, él y sus padres demandaron a Judas Priest y a CBS Records reclamándoles seis millones de dólares por daños y perjuicios. Según su denuncia, la banda había incluido mensajes ocultos en el tema «Better By You, Better Than Me», una canción original de Spooky Tooth; mensajes que habrían inducido a Belknap y Vance a cometer suicidio. Concretamente alegaron que podían escucharse las frases «intenta suicidarte», «hazlo» y «muramos».

RAYMOND BELKNAP   JAMES VANCE

La demanda fue finalmente llevada a juicio en julio de 1990, y por supuesto recabó la atención de la comunidad metálica por entero. La fiscalía reprodujo la canción de modo normal, hacia atrás e incluso a más revoluciones, tratando de que las supuestas frases fueran audibles y demostrar que el grupo había lavado el cerebro a los dos chavales. Sin éxito. Rob Halford testificó ante el tribunal que esos imaginarios mensajes ocultos era tan solo el sonido de su respiración, exhalando mientras cantaba. Los abogados de Judas Priest hicieron hincapié sobre la problemática infancia y el abuso de sustancias de Vance y Belknap hasta que el juez determinó que la evidencia no era concluyente y desestimó el caso. Final feliz (si puede decirse así habiendo muerto dos jóvenes) para un caso que tendría dos réplicas al año siguiente, ambas protagonizadas por el mismo hombre –Ozzy Osbourne– y la misma canción –«Suicide Solution», incluida en su debut en solitario *Blizzard of Ozz* (1980)–.

La familia de John Daniel McCollum, un joven de diecinueve años que se había suicidado en octubre de 1984, demandó a Ozzy –y a CBS de nuevo– aduciendo que su hijo se había matado bajo el influjo de dicho tema. Y los padres de Michael Waller, que se había quitado la vida en mayo de 1986, hicieron otro tanto. Ambos casos no prosperaron, pero pusieron el foco todavía más en el heavy metal y la supuestamente perniciosa influencia de este sobre los jóvenes.

El extraño final de Dave Holland

Pero quizás la más sórdida historia relacionada con la banda llegó recientemente y de la mano de un protagonista inopinado: Dave Holland. El nombre de quien fuera batería de Trapeze y miembro de Judas en una de sus
mejores etapas –la que va de *British Steel* (1980) a *Ram It Down* (1988)– saltó
a la palestra de nuevo en 2004 cuando fue declarado culpable de abusos se-
xuales e intento de violación a un joven de diecisiete años con dificultades de
aprendizaje, a quien había estado dando clases de batería.

Condenado a ocho años de prisión, siempre mantuvo su inocencia y en
2006 anunció que pretendía escribir una autobiografía en la que lo contaría
todo. Puesto en libertad en junio de 2012, poco más –por no decir nada– se
supo de Holland hasta cinco años después, cuando la noticia de su muerte
provino de una fuente tan improbable como *El Progreso*, periódico local de
Lugo. En sus páginas se hacían eco de la muerte unos días atrás, en el Hospital Universitario Lucus Augusti, de un vecino de la vecina localidad de A
Fonsagrada.

Residente en el villorrio gallego desde unos años atrás, Holland mantuvo
un perfil discreto y cordial con los pocos vecinos con los que se relacionaba
hasta que en diciembre de 2017 le fue diagnosticado un cáncer de hígado
con metástasis que se lo llevó a la tumba en poco más de un mes. Un final
frío y extraño para un personaje que, pese a sus sombras, es historia indiscutible del heavy metal.

Judas Priest no es Death Metal

Los Simpson siempre mostraron un cierto conocimiento e interés respecto al heavy metal. Desde el impagable personaje de Otto, el conductor del bus escolar, pasando por apariciones de varias bandas clásicas y terminando con el episodio en que el propio Satán anima a Bart a seguir escuchando metal, la serie se ha acercado siempre al género con una mezcla de respeto y sano sarcasmo.

Pero en el noveno episodio de la vigesimoquinta temporada, metieron la pata hasta el fondo cuando hicieron aparecer a Judas Priest tocando frente a la embajada de Suecia su clásico «Breaking The Law», rebautizado para la ocasión como «Respecting the Law» (el episodio trataba el tema de las descargas ilegales). Y es que tanto el agente del FBI como el cónsul sueco se refieren a lo que suena como ¡death metal!

Un gazapo de los gordos que miles de fans de la serie no estaban dispuestos a dejar pasar así como así, inundando correo y redes sociales de la Fox al respecto. Como el error ya no tenía enmienda, los responsables de la serie demostraron al menos su sentido del humor en el episodio siguiente haciendo que la frase que Bart escribe como castigo en la pizarra de clase en cada capítulo, como parte de los créditos iniciales, fuera «Judas Priest no es Death Metal».

ACERO BRITÁNICO

En abril de 1980 Judas Priest lanzaban al mercado *British Steel*, el disco que marcaría un antes y un después en el heavy metal. Considerado uno de los pistoletazos de salida oficiales para la NWOBHM, con este trabajo Halford y los suyos aceleraban y afilaban su sonido hasta entonces.

1.– «Breaking The Law», segundo sencillo del disco tiene una característica un tanto especial: carece de solo de guitarra, algo un tanto insólito para un single de heavy metal. Para interpretarlo en directo K.K. Downing compuso uno, reescrito –cuando dejó la banda– por su sustituto Richie Faulkner.

2.– El tema de inicio del álbum varía según las ediciones originales inglesas o americanas. En la primera el disco se abre con «Rapid Fire», mientras en el caso estadounidense, la primera canción es «Breaking The Law». El resto del tracklist también sufrió algún cambio.

3.– La portada fue encargada al artista polaco Roslav Szaybo, quien al conocer el título diseñó la portada inspirándose en la empresa siderúrgica homónima, la British Steel Corporation, cuya división producía acero inoxidable para la elaboración de hojas de afeitar y en la que, cosas de la vida, trabajó Glenn Tipton durante casi cinco años.

4.– En una época todavía sin samplers, el álbum incluye algunos artesanales efectos de sonido. Para el sonido de robots marchando en «Metal Gods» por ejemplo lo que hicieron fue llenar un cajón con cubiertos, empezar a sacudirlo e ir sacando cucharas y cuchillos hasta conseguir el efecto deseado.

5.– El título de «Living After Midnight» nació según revela Downing «una noche en que Glenn y yo estábamos trabajando en algunas ideas de guitarra, cuando de repente apareció Rob en la puerta, en pijama. '¿Os importaría? –dijo– algunos estamos intentando dormir. Es más de medianoche'. De ahí viene la canción».

6.– Mientras estaban en Nueva York masterizando el disco surgió una historia en la prensa británica: las cintas del álbum habían sido robadas por un gang neoyorkino y fueron recuperadas tras pagar un rescate de cincuenta mil dólares. Pero todo era falso, se trataba tan solo de una farsa orquestada por Tony Brainsby, publicista de la banda en ese momento.

7.– El director Julien Temple, que tras trabajar con los Sex Pistols se había convertido en una especie de apestado, fue encargado por la banda para encargarse de los videos de «Living After Midnight» (grabado en un show en el Sheffield City Hall) y «Breaking The Law», rodado en una sucursal londinense del Barclays Bank.

8.– En 2009 Judas Priest se embarcó en una gira americana interpretando el disco en su totalidad, una de las primeras bandas metálicas en hacer algo que ahora se ha convertido en habitual. Una decisión que, según afirmaba Downing con una irónica sonrisa «lo que consiguió fue que no hubiera discusiones sobre el listado de temas a tocar».

IV. MOTÖRHEAD
Uno y trino

En la comedia *Cabezas Huecas* (*Airheads*, 1994) protagonizada por Brendan Fraser, Adam Sandler y Steve Buscemi hay una escena en la que el personaje de Fraser, «Chazz» Chester Darvey está hablando con un policía encubierto que finge ser un ejecutivo discográfico. Chazz le pregunta: «¿Quién ganaría en un combate de lucha libre, Lemmy o Dios?», el policía responde: «Lemmy», a lo que Rex, el personaje interpretado por Buscemi, imita el sonido de respuesta incorrecta en los concursos. El policía cambia rápidamente su respuesta a «¡Dios!» y Rex responde: «mal, tarugo, era una pregunta trampa. Lemmy es Dios».

Y es que pocos músicos han concitado tal unanimidad en cuanto a respeto y reconocimiento como Ian Kilmister. Lemmy –quien por cierto hace un cameo en el film acreditado como Lemmy von Motörhead– fue no solo un excelente artista sino alguien que definió la actitud y la integridad como marca de fábrica. Y sí, puede que como él siempre dijo, lo suyo tan solo era rock'n'roll a todo volumen, pero creo que no he encontrado a un solo metalhead en mi vida que no lo considerara parte de la familia. Por ello, y porque su vida fue fuente de mil anécdotas, es por lo que no podíamos prescindir de él en este libro.

Sex Machine

En el documental de Channel 4 titulado *Motörhead: Live Fast, Die Old* emitido en 2005, se afirmaba que Lemmy se había acostado con más de dos mil mujeres. Sin embargo, el propio Lemmy declaró que no eran tantas: «dije más de mil, la revista dedujo dos mil a partir de ahí». Estén más o menos claras las cifras, sus encuentros y escarceos se cuentan por centenares, y las anécdotas al respecto también.

Una de las más conocidas la cuenta él mismo en su autobiografía. Al término de un concierto en el Stafford Bingley Hall perdió el conocimiento en el *backstage*, posiblemente –según sus propias elucubraciones– porque debía llevar varios días sin dormir y dándole a todo. Phil y Eddie, sus compañeros en Motörhead, lo medio reanimaron para los bises y luego él se inventó la excusa de que se había desmayado porque le habían hecho tres mamadas seguidas aquella tarde. Pero lo bueno es que aunque no se desmayara por eso, la historia era cierta: «aquello estaba lleno de chavalas y había una india particularmente mona; ella me hizo dos».

Una gran cosa verde

Motörhead siempre fueron una banda respetada por los punks. A finales de los setenta, con la panda del imperdible campando a sus anchas, no eran pocos los punk rockers que se acercaban a verlos en directo. Y no eran pocos tampoco los que mantenían la repugnante costumbre de escupir a las bandas en el escenario. «Nunca me gustó, pero aceptamos que no podíamos detenerlo –declaró Lemmy–. Una vez vi a un tipo escupir una gran cosa verde que se estampó en mi brazo y tomé prestada una frase de Winston Churchill. Me la quité del brazo y me la froté en el pelo y le dije: '¿Ves esto? Esta noche me ducharé y quedaré limpio, pero tú mañana seguirás siendo un apestoso gilipollas'».

El cuerpo y el látigo

Sobre la fascinación que sentía Lemmy por la Alemania nazi y su colección de objetos, uniformes y recuerdos relacionados se han escrito ríos de tinta.

No fueron pocas las veces –hasta que se le hincharon las narices– en las que tuvo que explicar que lo que le seducía de aquella época no eran las ideas sino la estética y el componente histórico (siempre fue un gran aficionado a la Historia, y muy especialmente la militar).

Pero al parecer su colección de uniformes nazis también le servía para otros quehaceres, como comprobó en persona Al Jourgensen. Cuando el líder de Ministry fue entrevistado con motivo de la publicación de su autobiografía *Ministry: The Lost Gospels According to Al Jourgensen* (2013) explicó una situación un tanto comprometida que incluía a Lemmy. Tras un show en Austin, Texas en 1995 Al buscó a Lemmy por el *backstage* y finalmente se acercó al bus de Motörhead: «Golpeé, pero no hubo respuesta. Así que abro la maldita puerta y ahí está Lemmy. Enfundado en un uniforme completo de la Gestapo azotando con una fusta a una chica desnuda. A ella le encanta. Y a él también. Me disculpé y cerré la puerta de nuevo».

Seis horas y tan fresco

En cierta ocasión Paul Di'Anno, el primer cantante de Iron Maiden, se encontró compartiendo copas con Lemmy en un garito de Camden Town. Lemmy era habitual del lugar, solía ir allí a tomarse sus Jack Daniel's con cola y jugar a las tragaperras. Pero tratar de seguirle el ritmo al autor de «Ace of Spades» era una auténtica temeridad, incluso cuando se trataba de tomar unas copas en plan tranquilo, sin desfases. Tiempo después Paul confesaba que se le pasó el tiempo volando: «No me di cuenta de que había estado ahí con él durante casi seis horas, y me preguntaba por qué no podía moverme. Estaba absolutamente jodido y mientras Lemmy simplemente estaba ahí hablándome tan tranquilo, y yo pensando, '¿Cómo diablos hace esto todos los días?' Está loco».

No olvidemos que nuestro hombre trasegaba una botella entera de Jack Daniel's –con cola– cada día desde que cumplió los treinta hasta que a partir de 2013 tuvo que parar el ritmo, por indicación médica.

El camarero español

Si Lemmy siempre fue una fuerza de la naturaleza, sus compinches en la época clásica de Motörhead –«Fast» Eddie Clarke y Phil «Philthy Animal» Taylor– no eran precisamente dos monaguillos. Su amor por el bebercio y otras hierbas y su concepto general del desfase no andaban muy lejos del de su jefe. Pero hubo una ocasión en que su afición a hacer el ganso no acabó en tragedia de milagro. Poco después de grabar *Ace of Spades* (1980) la banda andaba haciendo unas fechas por Irlanda cuando en Belfast Taylor casi se rompe el cuello. Apostando con un irlandés a ver quién podía levantar más alto al otro, el de Belfast izó al batería pero perdió el equilibrio, lo dejó caer y este aterrizó sobre la nuca. «Joder, no me puedo mover» fue lo único que pudo decirle a Lemmy. De allí al hospital donde lo ingresaron e inmovilizaron de inmediato: tuvo suerte y finalmente fue dado de alta con tan solo un enorme collarín. Lemmy fabricó una pajarita con cinta aislante negra y se la pegó bajo la barbilla: «parecía un camarero español afectado de bocio», cuenta Lemmy. ¡Ah, las sanas e inocentes bromas entre compañeros! A Taylor le quedaría de por vida un bulto en la colleja, una especie de depósito de calcio resultante del traumatismo.

Aunque tampoco era la primera vez que Taylor se fracturaba algo. Un tiempo atrás ya se había roto la mano tras propinarle un puñetazo a un tipo y, lejos de quedarse en casita, siguió de gira con Motörhead atándose la baqueta a la mano con tiras de esparadrapo. Está claro que su apodo no era un simple capricho.

Una figura con muy poca acción

Los fabricantes de muñecos y muñequitos vieron hace ya tiempo un importante nicho de mercado en esas generaciones que habían crecido jugando con figuras de acción, para ya de mayorcitos endosarles reproducciones a escala de sus héroes metálicos a precio de caviar iraní. Maiden, Metallica, KISS, AC/DC, Ozzy... que le tocara el turno a Lemmy era solo cuestión de tiempo. Tiempo que llegó en 2008 cuando la empresa Locoape, con sede en Chicago, produjo una figurita de Lemmy (en varias versiones, incluyendo ediciones limitadas y demás mandangas) con licencia oficial.

Para diseñarla obviamente llamaron al original, que recordaba estar un buen rato sobre una plataforma mientras una cámara daba vueltas a su alrededor para lograr el holograma; una vez terminaron hicieron el modelo, solo que obviamente más pequeño. «Me dijeron que iba a ser una figura de acción–dijo Lemmy– y yo pregunté: 'entonces, ¿vais a ponerle una polla?' Ellos dijeron que no, así que les dije 'bueno, entonces no va a tener mucha acción ¿no?'».

Guerra de comida y funerales vikingos

De entre todo el marasmo de salvajadas y despropósitos que jalonan la carrera de Motörhead siempre he sentido debilidad por la que montaron en Finlandia en 1979. Poco antes de dar inicio a las sesiones de grabación de *Bomber*, su tercer álbum de estudio si no contamos *On Parole*, la banda fue invitada a participar en el Festival Punkahaarju, un enclave situado en el sudeste de Finlandia muy frecuentado por el turismo por su proximidad al lago Saimaa, el quinto mayor de Europa.

Por lo que contaba Lemmy el concierto en sí fue un asco, el público era extremadamente pasivo y ellos tocaron de pena, por no hablar de un sonido infame. Además el entorno no ayudaba para nada, eso de tocar a plena luz del día junto a un lago y rodeados de abetos puede que motive a bandas como los Allman Brothers, pero Motörhead necesitaba entornos un poco más urbanos e insalubres para triunfar. Tras terminar el bolo y derribar la mitad del equipo –por hacer algo divertido– volvieron a la diminuta caravana que hacía las veces de camerino y en la que se estaban asando a base de bien gracias al tórrido verano finlandés. Y encima sin una gota de alcohol. Y en esas que un periodista de la revista *Zig Zag* que andaba por allí con un pequeño árbol a cuestas (los motivos son un misterio) se acercó a la roulotte y sin querer rompió una ventana con el arbolito. En palabras de Lemmy: «El caso es que pensamos: vaya, nos hemos cargado la caravana. Qué mejor manera de disimular los daños que empujándola al lago y prendiéndole fuego ¡Le daremos un funeral vikingo! Y lo cierto es que salió muy bien, la caravana flotó con elegancia artúrica, envuelta en humo y llamas y ofreció una estampa bien dramática al hundirse».

La caravana artúrica a la que los miembros de Judas Priest le dieron un auténtico funeral vikingo.

Sintiéndose en racha, cuando volvieron al hotel sacaron todo el mobiliario de su habitación al exterior, lo cual no agradó demasiado a los responsables del establecimiento. Y para terminar el viaje, en el autobús de vuelta montaron una grasienta guerra de comida que dejó el vehículo goteante de pulpa de fruta y yemas de huevo, para desespero del conductor.

Pero cuando parecía que ya no les quedaba más diversión en la patria de Sibelius, una última sorpresa les esperaba en la aduana del aeropuerto. A los policías que se encargaban del puesto les había llegado, con todo lujo de detalles, el relato de sus travesuras en el lago Saimaa. Así que uno a uno fueron pasando a la habitación de los niños malos, les retiraron los pasaportes y al poco les mandaron directamente a la cárcel, donde vegetaron los siguientes cuatro días hasta que consiguieron que les deportaran de vuelta a Londres. Y esto, como se suele decir, es tan solo una de tantas.

En la gran (y pequeña) pantalla

Seguirle el rastro a Lemmy en cuanto a cine y televisión es un divertido ejercicio para los fans. Siempre en pequeños papeles, cuando no directamente cameos, podemos ver sus verrugas –aparte de en la citada *Airheads*– en la comedia *Eat the Rich* (1987), para la cual Motörhead grabó la banda sonora y en el film de ciencia ficción *Hardware* (1990).

También se le puede encontrar en algunas de las perlas *trash* de la factoría Troma, incluyendo el narrador en *Tromeo and Juliet* (1996) e interpretándose a sí mismo en *Terror Firmer* y *Citizen Toxie: The Toxic Avenger IV*. Y si nos esforzamos, podemos atisbarle brevemente en la película *Down and Out with the Dolls* (2001) de Kurt Voss y en el famoso film de Penelope Spheeris *The Decline of the Western Civilization, Part II* (1988). También en los ochenta, Motörhead fueron los invitados musicales de la magistral sitcom británica *The Young Ones*, en el episodio titulado *Bambi*.

Más allá del celuloide también se lo pasó bomba apareciendo en anuncios como uno de Kit Kat, simulando tocar música de cámara con un violín en un salón de té, en otro para la casa de snacks Walkers, en el que le robaban las patatas y a finales de 2010 junto a Motörhead en un spot de Kronenbourg tocando la armónica y cantando una versión ralentizada de «Ace of Spades».

Y para terminar, que conste en acta que Lemmy fue uno de los poquísimos músicos mencionados en Beavis & Butt–head sin que se hiciera cachondeo a su costa. Cuando los dos cenutrios animados lo ven haciendo un cameo en el vídeo de la versión del «Substitute» de The Who a cargo de los Ramones, Butt–head exclama «¡es Lemmy, puede aparecer en el maldito vídeo que quiera!» mientras Beavis añade que Lemmy «manda». Respeto al más alto nivel.

Citas para la posteridad

Imposible reproducir aquí la tremenda cantidad de reflexiones y frases lapidarias que nos dejó Lemmy, un maestro en el arte de la ironía, la provocación y la cita contundente. Permitámonos no obstante una modesta antología al respecto:

«Un chaval una vez me preguntó '¿tú tienes resacas?' Le dije: 'para tener resacas tienes que dejar de beber'.»

«Fue una gran época, el verano del 71. No me acuerdo de nada, pero nunca la olvidaré.»

«Lo único interesante de la religión es cuánta gente es masacrada. El comunismo y el nazismo también son religiones, no os equivoquéis al respecto.»

«El hogar está aquí (señalándose la cabeza). Donde vives es solo una preferencia geográfica.»

«Me gustan las chicas. Esa es la única razón por la que estoy en este negocio: descubrí que puedes hacer que las mujeres se quiten la ropa si tienes una guitarra. Y se la quitan mucho más rápido si además sabes tocarla.»

«Siempre me ha gustado un buen uniforme y, a lo largo de la historia, siempre ha sido el tipo malo el que mejor vestido ha ido: Napoleón, los confederados, los nazis.»

«Si crees que estás demasiado viejo para el rock'n'roll, entonces es que lo eres.»

«Toda mi vida social la paso en los bares, por lo que no veo el dejar de beber como una opción viable. ¿Alguien me imagina diciendo?: 'Un zumo de tomate, por favor'»

«La gente no quiere ver al vecino de al lado en el escenario, quiere ver un ser de otro planeta. Quiere ver a alguien que nunca conocería en la vida cotidiana.»

«No entiendo a la gente que cree que si ignoras algo, desaparecerá. Eso es totalmente incorrecto: si lo ignoras, se fortalece. Europa ignoró a Hitler durante veinte años. ¡Y como resultado se cargó a una cuarta parte del planeta!»

«Hay un montón de buenos libros por ahí, pero la gente ya no lee. Es una situación muy triste. La lectura es lo único que te permite usar tu imaginación. Cuando ves películas se trata de la visión de otra persona ¿no es así?»

«¡A tomar por culo esta mierda de 'no hables mal de los muertos'! La gente no mejora cuando está muerta, solo se habla de ellos como si lo hicieran. ¡Pero no es verdad! La gente sigue siendo gilipollas, simplemente son gilipollas muertos.»

V. NOMBRES METÁLICOS

¿Cómo nos vamos a llamar?

En el momento en que montas una banda, ya sea con catorce años en el garaje de casa de tus padres o más adelante, uno de los puntos principales es ponerle nombre a eso que vas a presentar a todo el mundo como «mi grupo». Y si a lo que te vas a dedicar es al heavy, las opciones son múltiples pero siempre respetando unas pautas más o menos comunes. Los tratados de brujería, el Antiguo Testamento o el Medievo están ahí para que rebusques y te inspires. Las armas, la Parca y cualquier bicho venenoso o con los dientes afilados también sirven, por no hablar de referencias literarias varias con Tolkien, Lovecraft y demás parentela a la cabeza.

Obviamente muchos nombres, por más oscuros o poderosos que suenen, no tienen un nacimiento especialmente peculiar, pero de algunos sí vale la pena explicar su origen ni que sea para añadir unos puntos extra a nuestra culturilla, tanto general como metálica. Así que vamos allá con nuestra personal selección, por riguroso orden alfabético; que otra cosa no pero ordenados lo somos un rato.

Alice Cooper

Existiendo desde mediados de los sesenta primero como The Spiders y más tarde como Nazz, al descubrir en 1968 que Todd Rundgren ya tenía una banda llamada de igual modo, Vincent Furnier y sus compinches decidieron buscarse otro apelativo. Lo hallaron en Alice Cooper y de paso se inventaron un magnífico relato según el cual el nombre había surgido en una sesión de ouija, siendo Alice Cooper el nombre de Vincent en una vida pasada, concretamente una bruja del siglo XVII.

Demasiado bonito para ser verdad, años después Furnier reconoció que el nombre surgió de la nada, buscando un concepto sano e inocuo en contraste con la imagen y la música del grupo. En sus propias palabras, algo que suscitara la imagen mental de «una linda y dulce niñita escondiendo un hacha a su espalda».

Amon Amarth

Existe un auténtico subgrupo etimológico cuando hablamos de bandas de heavy metal: aquel formado por nombres basados en los trabajos de J.R.R. Tolkien. Desde grupos de primer y segundo orden (Gorgoroth, Burzum, Cirith Ungol) hasta bandas menos conocidas como Sammath Naur, Mor Dagor, Minhyriath, Dungortheb, Isengard, Morgul, Minas Morgul, Minas Tirith…y podríamos seguir, no se crean. De entre todas ellas hemos escogido a los vikingos suecos Amon Amarth como representantes de esta tendencia por importancia de la banda y porque el nombre mola mucho, tal cual. Para aquellos que no estén familiarizados con la obra de Tolkien, Amon Amarth es el nombre en sindarin (la lengua élfica más hablada en la Tierra Media) del volcán de Mordor donde Sauron forjó el anillo único, también conocido como Orodruin o Monte del Destino.

Avenged Sevenfold

En una traducción más o menos literal, el nombre de esta exitosa banda californiana vendría a ser algo como Siete Veces Vengado. Un nombre que solo reconocerán, en principio, aquellos que conozcan a fondo las Sagradas Escrituras (numérense, por favor), pues en el libro del Génesis, capítulo 4 versículo 15 se narra el primer asesinato de la Historia de la Humanidad en los siguientes términos: «But the Lord said to him, therefore whoever slayeth Cain, vengeance shall be taken on him sevenfold.» Que traducido en la versión de la Biblia de las Américas (por escoger una) reza: «Entonces el Señor le dijo: no será así, pues cualquiera que mate a Caín, siete veces sufrirá venganza».

Children of Bodom

Aunque también pueda sonar a paraje de la
Tierra Media, el lago Bodom está situado a
las afueras de Espoo, una pequeña ciudad al
sur de Finlandia no muy lejos de Helsinki. Y
sería tan solo una referencia geográfica más si
no fuera porque en junio de 1960 cuatro adolescentes que acampaban a sus orillas fueron ata-
cados y solo uno logró sobrevivir.

Unos de los crímenes más famosos en el país nórdico –todavía hoy sin
resolver– que inspiraron a Alexi Laiho y compañía en el momento en que
Inearthed, el nombre con el que nacieron y habían grabado las demos para
su primer trabajo, tuvo que ser cambiado (al tiempo que simularon una se-
paración) por problemas contractuales con su anterior sello.

Def Leppard

Allá por 1977 Joe Elliot le dijo a su madre que la banda con la que ensayaba
habían decidido llamarse The Leopards, y esta le respondió: «pues si seguís
tocando tan alto, en poco tiempo seréis una banda de leopardos sordos». Al
menos así era en esa época feliz en que las leyendas urbanas estaban a la orden del día en el mundo del heavy, que en el caso de quien suscribe coincidió
con su infancia y primera adolescencia.

Luego llega la edad adulta y la información contrastada acredita que ese
Leopardo Sordo se le ocurrió a Joe mientras escribía reseñas de bandas ima-
ginarias para la clase de inglés del cole. Tony Kenning, primer batería del
grupo –inicialmente llamado Atomic Mass– sugirió modificar ligeramente
el Deaf Leopard original para que sonara menos punk (¿?) y de ahí, al estrellato.

Dimmu Borgir

He aquí otro de esos nombres que uno juraría salido de un borrador para El
Silmarilion. En realidad estos noruegos escogieron llamarse así inspirados
en un área al este del lago Mývatn en Islandia, denominado precisamente
dimmuborgir, donde los restos de actividad volcánica han moldeado una serie
de cavernas y otras caprichosas formas.

Un paisaje que semeja un conjunto de extrañas y lúgubres construcciones en un mundo de fantasía y de ahí su denominación, que vendría a traducirse como algo parecido a Ciudades Oscuras. En el folclore islandés se cree asimismo que el *dimmuborgir* conecta la tierra con las regiones infernales, y es el supuesto hogar de duendes y gnomos. Una conexión con el Averno que, si no cien por cien obligatoria, nunca le viene mal a una banda de black metal.

Flotsam and Jetsam

En origen, flotsam y jetsam son términos de origen náutico, jerga marítima que hace referencia a basura o desperdicios que flotan en el mar. En el lenguaje habitual se puede usar para designar cosas pequeñas y desperdigadas por ahí, sin conexión unas con otras. Algo parecido a cachivaches, para entendernos. Cuando a finales de 1983 los de Phoenix, tras haber funcionado anteriormente bajo los apelativos de Paradox, Dredlox y The Dogz decidieron ponerle nombre definitivo a su banda lo hicieron tras escribir una canción titulada «Flotsam and Jetsam» inspirada por el homónimo noveno capítulo de *Las dos torres*, la segunda parte de El Señor de los Anillos. Capítulo traducido entre nosotros, por cierto, como Restos y Despojos.

Judas Priest

La expresión ¡Judas Priest! así, entre admiraciones, fue hasta mediados del siglo pasado un eufemismo usado como interjección para evitar el clásico ¡Jesus Christ! y otras expresiones similares y, de ese modo, no pronunciar el nombre de Dios en vano. Hasta aquí la explicación puramente lingüística.

La historia que realmente nos importa tiene lugar en 1970 cuando K.K. Downing e Ian Hill, por entonces en una banda llamada Freight, se hicieron con los servicios como vocalista de Al Atkins. A este no le emocionaba demasiado eso de Freight y propuso usar el nombre de su anterior banda, Judas Priest, con el inmediato beneplácito de los otros. La iniciativa de usar ese nombre en origen fue del bajista Bruno Stapenhill, tomando la idea de la canción de Bob Dylan «The Ballad of Frankie Lee and Judas Priest», incluida en su álbum *John Wesley Harding* (1967).

Megadeth

El término *megadeath*, que equivale a un millón de bajas en una explosión nuclear, fue acuñado a principios de los años cincuenta y popularizado por el estratega militar Herman Kahn en su libro *On Thermonuclear War* (1960).

Cuentan las crónicas que Dave Mustaine, al poco de ser despedido de Metallica, viajaba en un bus de vuelta a Los Angeles cuando cayó en sus manos un folleto político firmado por el senador de California Alan Cranston que contenía la palabreja. A Mustaine, ya interesado en esos temas por aquel entonces, se le quedó grabado el término y cuando meses después formó su propia banda, escribió una canción usándola –aunque deliberadamente mal escrita–, paso previo a adoptarla como nombre para su nuevo proyecto.

Mötley Crüe

Que una piara de degenerados como nuestros cuatro amigos se plantearan durante unos momentos el bautizarse como Christmas da idea de lo fritas que tenían las neuronas ya desde un principio. Por suerte a la ridícula propuesta de Nikki Sixx se le confrontó otra por parte de Mick Mars el cual recordaba que una vez, en su anterior banda White Horse, alguien se había referido a ellos como «a motley looking crew» (una panda variopinta, en traducción aproximada).

A partir de ahí, reemplazando el *crew* por *crue* sin que ello afectara la pronunciación y añadiendo unas diéresis como guinda, el cuadro quedaba completo. Según Vince Neil, por cierto, esas diéresis vinieron a raíz de estar en ese momento bebiendo Löwenbräu, la famosa cerveza bávara.

Motörhead

Que Lemmy Kilmister –Dio lo tenga en su gloria– llevó desde joven un estilo de vida un tanto alejado de lo que uno puede entender por «saludable», no es ningún secreto. Que era una bestia parda, fumador empedernido con un aguante asombroso respecto al alcohol y la mandanga, también. Y que tras salir de Hawkind, para la que sería la banda de su vida no iba a escoger un nombre blandengue, estaba cantado.

Tras descartar Bastard como primera opción –Douglas Smith, mánager de la banda por entonces, le hizo ver que comercialmente no era una gran idea–, Lemmy recuperó el título de la última canción que había compuesto para Hawkind y que, en argot británico, sirve para definir a un contumaz consumidor de anfetas.

My Dying Bride

En el caso de esta maravillosa banda británica dejaremos que sea su propio cantante, Aaron Stainthorpe, quien nos cuente la historia: «Estábamos buscando nombre y, siendo 1990 y con el death metal creciendo como una bola de nieve, huímos de todo ese sinsentido de cadáver, asesinato, matanza de vírgenes, quema de biblias y demás en favor de algo mucho más triste y desolador, que es hacia donde se dirigían nuestros flujos musicales. Teniendo la muerte de mi madre muy reciente, se requería un nombre cercano a mis sentimientos de amor perdido y sueños sin esperanza. Se barajó My Dying Bride y My Dying Child, y ganó el primero pensando en la absoluta tristeza a la que uno sucumbiría en tal situación. Y también debido a que soy un romántico empedernido, perdido en la Inglaterra del siglo XVII que no puede –ni quiere– escapar hacia la modernidad».

Opeth

Mikael Åkerfeldt, cabeza visible de Opeth desde prácticamente sus inicios, explicaba en una entrevista que el nombre fue ocurrencia de David Isberg, primer vocalista de la banda entre 1989 y 1992, y que proviene de una novela del famoso escritor sudafricano Wilbur Smith titulada *Pájaro de Sol*. Publicada en 1972, narra la historia de una civilización perdida y una imaginaria ciudad fenicia llamada Opet, traducida como Ciudad de la Luna.

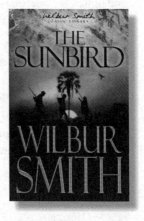

No se sabe a ciencia cierta si por problemas de derechos o simplemente por preferencias fonéticas, Isberg añadió una hache y, con ella, contribuyó a denominar a una de las mejores bandas escandinavas de las últimas décadas.

Stryper

Bajo el logo de la más famosa banda de metal cristiano siempre aparece la leyenda Isaiah 53:5. Si nos hacemos con un ejemplar de la Biblia del rey Jacobo (King James Version) y buscamos ese versículo leeremos, al final, la frase: *and with his stripes we are healed* (y por sus heridas fuimos sanados).

Cuando aún se llamaban Roxx Regime el batería Robert Sweet andaba un día leyendo esos pasajes y se le ocurrió la palabra Striper, que fue aceptada con una pequeña modificación ortográfica.

Pero por si la referencia no era lo suficientemente devota, el propio Rob ideó un acrónimo para su nombre que reza (nunca mejor dicho): *Salvation Through Repentance Yielding Peace Encouragement And Righteousness*. Una mini–oración a pronunciar cada vez que pinchen ustedes uno de sus discos.

Tygers of Pan Tang

No sé si seré el único, pero durante mi primera adolescencia –que coincidió con el descubrimiento de esta y muchas otras bandas de la NWOBHM– siempre pensé que los tigres de Pan Tang eran alguna referencia al sudeste asiático, incluso tal vez algo relacionado con la Guerra de Vietnam.

No fue hasta bastantes años más tarde que supe que Pan Tang era un archipiélago ficticio, nacido de la pluma del autor inglés Michael Moorcock en su serie de libros de espada y brujería protagonizados por Elric de Melniboné. Y más concretamente en uno de los volúmenes de la saga titulado *Stormbringer* (1965), donde se menciona a los brujos de Pan Tang, un grupo guerrero de élite más malos que la tiña, cuyas mascotas son nada menos que tigres: los tigres de Pan Tang.

Vocablos recurrentes

El año 2014 el blog metálico Invisible Oranges publicó un fascinante artículo relativo a los nombres de las bandas de heavy metal. Uno de sus responsables se planteó elaborar un estudio estadístico de las palabras más comunes a la hora de bautizar a un grupo y, con la ayuda de su equipo y de la función de búsqueda en el site Encyclopaedia Metallum: The Metal Archives compilaron –en apenas unas horas–un listado de las cien palabras más usadas. ¿Puede servir de algo tal información en nuestro día a día? ¿Puede mejorar nuestras vidas en algo? Si están leyendo este libro, ese tipo de preguntas les han de parecer tan improcedentes como a mí mismo. Conocer datos curiosos e irrelevantes puede no ser fundamental pero es muy divertido, así que sin más preámbulo les ofrecemos las diez palabras más usadas en los nombres del heavy (el número al lado de cada una son las entradas que devolvió metal–archives.com).

1. Death – 1.184
2. Black – 1.157
3. Dark – 1.094
4. Blood – 924
5. Dead – 741
6. Hell – 704
7. War – 731
8. Necro – 632
9. Soul – 538
10. Night – 520

¿Sorprendidos? No se lo esperaban en absoluto, ¿verdad? Reflexionen al respecto y para el noventa por ciento restante, ya saben dónde consultar.

VI. NEW WAVE OF BRITISH HEAVY METAL

Los cimientos de todo un género

★

> «Cuando nos formamos en los setenta, existía un circuito de clubs para currantes. Te afiliabas, conseguías birra gratis. Podías jugar al bingo y había bandas tocando. Había un montón de punks, así que el ambiente era un poco duro. Aprendimos el oficio estando a menos de un metro de alguien que te observaba en plan «¡impresióname!». Si no lo lograbas te tiraban una cerveza o un escupitajo.»
>
> *John Gallagher (Raven)*

La Nueva Ola del Heavy Metal Británico (NWOBHM en su acrónimo inglés) vendría a ser algo así como el Neolítico del heavy. Una era –la que va de mediados/finales de los setenta a mitad de los ochenta– en la que Gran Bretaña actuó como cuna de la civilización metálica creando un nuevo sonido y una nueva imaginería, mezcla de épica, evasión y orgullo de clase trabajadora. En honor a la verdad sin aquel heterogéneo movimiento y la influencia que proyectaron, el heavy metal sería muy distinto. O posiblemente, ni siquiera sería.

La lista de primeras y segundas espadas que surgió (o eclosionó) durante aquellos años en la pérfida Albión todavía hoy asombra: Def Leppard, Iron Maiden, Judas Priest, Saxon, Diamond Head, Demon, Venom, Tygers of Pan Tang, Mythra, Angel Witch, Witchfinder General, Girlschool, Samson, Raven, Praying Mantis, Tokyo Blade…

Una generación de mocosos con el punk aun entre dientes, a la que eso de la new wave y demás le sonaba a cantinela blandurria. Y tan mocosos que, en ocasiones, se encontraban con situaciones ridículas como la que contaba recientemente Vince High, cantante de Mythra, en el portal metalbrothers: «Fue cuando tocamos en el *Heavy Metal Barn Dance* con Motörhead, Saxon, Girlschool, etc. en 1980. Éramos muy jóvenes y los tipos de seguridad no nos dejaban entrar porque no se creían que fuéramos una banda que tocaba en el festival. Conocíamos a Saxon por haber tocado juntos anteriormente, y fueron ellos los que tuvieron que decirle a la seguridad que de verdad éramos Mythra, jajaja».

Sea como sea aquí, como en el resto del libro, hemos venido a contar chismes, curiosidades y patrañas. Así que dejando fuera a alguno de los grandes con capítulo propio, sin más dilación…

IRON MAIDEN

Iron Maiden son más grandes que la vida. Sobre este punto no hay discusión posible. La cantidad de himnos que han legado al heavy metal, algunos de ellos casi definiéndolo como tal, los conciertos y festivales míticos, sus letras y portadas…en fin, incalculable en conjunto. Pero pese a ser el referente metálico para varias generaciones, vender millones y demás, las pequeñas historias semiocultas que jalonan su historial casi siempre revelan a una banda con los pies en el suelo, ajena a las veleidades del estrellato más frívolo. En ocasiones, incluso, maravillosamente cercana. Como ocurrió en Polonia, en 1984…

¡Vivan los novios!

Era el día once de agosto y la banda actuaba en el Poznan Arena en un show dentro de la gira denominada *World Slavery Tour*. Alojados en el Merkrury, bajaron a buscar un sitio para tomar unas copas pero lo único que encontraron abierto fue el restaurante Adria, casi puerta con puerta con su hotel. Y resultó que se estaba celebrando una boda en su interior, la de Peter Zmudzinski y Dorothy Nawrocka más concretamente. Alguien en la puerta los reconoció y no solo les dejó pasar sino que les pidió si podían tocar alguna cosa. Peter lo recordaba así: «en un momento dado aparecieron algunas personas totalmente diferentes al resto: pelo largo, distintas ropas…y suben al escenario y nos preguntamos '¿qué está pasando?'. Y de repente mi primo grita: «¡Mira, son Iron Maiden!» Y nosotros 'sí, sí, ya'. Al principio creíamos que era una broma».

Pero de broma nada. Bruce, Steve y los muchachos habían subido a escena y en menos que canta un gallo y para pasmo y regocijo de novios e invitados se marcaron sendas versiones de «Smoke on the Water» y el «Tush» de ZZ Top. Siendo una boda no faltó quien grabara en vídeo la actuación y hoy día con simplemente teclear «Iron Maiden At A Polish Wedding» podemos ser testigos de excepción de tan glorioso acontecimiento, aunque no precisamente en alta definición, eso sí.

Dejad que los niños se acerquen a Eddie

Entre los años 1974 y 1982, en el canal ATV de la televisión británica se emitió todos los sábados un programa infantil llamado Tiswas, que alternaba dibujos animados con otras secciones por las que pasaron nombres de la talla de Robert Plant, Cozy Powell o Ian Gillan; vamos, igualito que en España, donde lo más heavy que vimos de pequeños fue a Torrebruno. Pero no divaguemos… el tema es que el 15 de marzo de 1982 los invitados fueron Iron Maiden. Tras un vídeo promocional de «Run to the Hills» Sally James, la presentadora, entrevistó a unos jovencísimos Harris, Dickinson y Burr, flanqueados por el mismísimo Eddie. Y para terminar, un tipo disfrazado de Margaret Thatcher aparece en escena y termina todo a pastelazos.

Vale, lo asumo, no es la mejor anécdota del mundo, pero me apetecía incluirla para ilustrar en cierto modo una época en que chavales de corta edad podían ver, en un programa de televisión dedicado a ellos, a músicos de rock y heavy metal como la cosa más normal del mundo. Y para compararlo con el enorme, inmenso montón de mierda en que se ha ido convirtiendo la caja tonta con el paso del tiempo hasta llegar a nuestros días.

Iron Maiden es nombre de chica

La mayoría de fans de Maiden sabe que
desde el año 2001 existe una banda tribu-
to formada íntegramente por mujeres: The
Iron Maidens, pero puede que algunos no
sepan que antes de que Harris y compañía
fundaran la mejor banda de heavy metal de
la Historia, unas chicas norteamericanas
ya habían decidido llamarse así. Victoria
Nutter, guitarrista de la última formación
de la banda recuerda su breve trayectoria:
«Iron Maiden existió en Seattle desde 1970
a 1973, y tocamos bastante en los clubes locales de la época, giramos por el noroeste,
el norte de California, Idaho, Montana y
Colorado, tocando en bailes para adolescentes, estaciones de esquí en Vail y Aspen,

y muchos bares. Éramos una banda a tiempo completo, y vivíamos juntas
en una casa en el norte de Seattle hasta que nos mudamos a Kent en 1972».

Fiestas de cumpleaños y estaciones de esquí...mmm, no parece que los
británicos pudieran saber siquiera de la existencia de estas mozas y menos
en aquellos tiempos sin internet. Podemos descartar plagio en el nombre
casi con total seguridad, a menos que Gene Simmons se entere y las anime
a presentar una denuncia.

Miss Heavy Metal en top less

En agosto de 1983 Maiden andaban en pleno *World Piece Tour*. Una noche a
mediados de mes recalaron en el Memorial Stadium de Buffalo, Nueva York
y lo que iba a ser tan solo una noche más en la gira, pasaría a engrosar su
anecdotario con un incidente más propio de David Lee Roth o de Mötley
Crüe, que no de ellos. El tema es que una modelo profesional llamada Suzette Kolaga había ganado un concurso radiofónico por el que fue elegida
como Miss Metal e invitada a subir al escenario a bailar con la banda, concretamente durante «22 Acacia Avenue».

Dicho y hecho la señora Kolaga salió a escena ataviada con un bañador
escotado hasta el ombligo, guantes largos y un poco de parafernalia sado-
maso; todo muy light hasta que a Dickinson no se le ocurrió otra cosa que,

al terminar el tema, desatar el top de la chica dejando al descubierto sus pechos. La audiencia respondió con una entusiasta ovación, y Suzette –visible y comprensiblemente molesta– con una denuncia por daños y perjuicios por valor de ciento cincuenta mil dólares nada menos. La cosa no obstante no llegó a los tribunales y todo el asunto se arregló de forma discreta y privada.

Gente leída

Pese a que numerosas bandas metálicas han buscado inspiración para sus letras en la literatura –tanto clásica como contemporánea–, pocas por no decir ninguna pueden presumir de un cancionero tan literario como Iron Maiden. Un aspecto sobre el que asentar una seria argumentación ante esos petimetres que endémicamente les han tildado de cazurros. Porque veamos... se han basado en *La Carga de la Brigada Ligera* (1854), el poema escrito por Alfred Tennyson sobre la Batalla de Balaclava en la Guerra de Crimea para «The Trooper». En Samuel Taylor Coleridge para «Rime of the Ancient Mariner» (1798) y hasta se atrevieron a incluir el conocido himno de Chesterton *O God of Earth and Altar* como introducción en «Revelations». ¿Seguimos?

Tenemos a Aldous Huxley y su famosa distopía presentes en «Brave New World», a Alan Sillitoe en «The Loneliness of the Long Distance Runner», a Rudyard Kipling en «The Man Who Would Be King», a C.S. Lewis en «Out of the Silent Planet», a Gastón Leroux en «Phantom of The Opera» o a Edgar Allan Poe Poe en «Murders In The Rue Morgue»... y podríamos seguir, no se crean.

En cualquier caso y más allá de servirnos para reivindicar a la banda desde una óptica cultureta, ningún fan de Maiden debe desconocer la anécdota que se esconde tras «To Tame a Land». Basada obviamente en *Dune*, el clásico mamotreto de ciencia ficción escrito por Frank Herbert, la banda pidió permiso para titular a la canción precisamente «Dune», pero el agente literario de Herbert se lo denegó con una carta que rezaba, textualmente: «No, porque a Frank Herbert no le gustan las bandas de rock, particularmente las bandas de heavy y especialmente bandas como Iron Maiden». Diplomacia en estado puro.

Pequeñas locuras de juventud

Paul Di'Anno, el primer vocalista de Maiden, siempre fue un tipo bastante más salvaje que sus compañeros. Si la historia de la banda está trufada de anécdotas, las drogas apenas asoman en la ecuación, a menos que Paul entre en escena.

Paul Di'Anno, primera voz de Maiden.

En el imprescindible libro *Louder Than Hell: The Definitive Oral History of Metal*, contaba cómo se divertía en aquellos lejanos y míticos primeros tiempos: «Solíamos obtener todo ese sulfato de anfetamina en diferentes formas. Había una a la que llamábamos 'meada de gato' porque te hacías una raya y los ojos te empezaban a llorar y la nariz, a quemar. Pero como te metieras un gramo perdías el control durante casi dos días. También solíamos tomarnos esas pastillas llamadas Speckled Blues. Te metías tres y podías ir andando desde Londres hasta Escocia, que ni siquiera te darías cuenta. Solía ponerme a gusto con eso. Por desgracia, al final se convirtió en algo muy chungo para mí. Steve (Harris) siempre se mantuvo al margen. Una vez, se emborrachó en el metro volviendo del East End... ¡con una pinta y media de cerveza! De repente se bajó en la parada de Bethnal Green y se encontró completamente desorientado. Al final lo encontramos medio subido a un árbol».

VENOM

«¡Welcome To Hell fue un clásico! Black metal, speed metal, death metal,
como quieras llamarlo, Venom lo empezó todo con ese disco.»*
Lars Ulrich

No le falta razón al enano a veces. Aun formando parte de la pujante NWO-
BHM, con ese disco y sobre todo su continuación, el seminal *Black Metal*
(1982) Venom fueron varios pasos más allá en cuanto a brutalidad, supo-
niendo una inspiración enorme para cientos…miles de chavales que decidieron formar una banda de heavy tras su estela. Auténticos pioneros del metal
extremo y satánicos –más de pose y boquilla que otra cosa, eso sí– a tiempo
completo, los inicios de Venom no fueron demasiado alentadores, no obstante. Tras pasar de quinteto a trío, los planes de Conrad Lant para crear una
banda mega satánica incluían ponerse unos nombres de escena que molaran
mucho más que los que aparecían en su partida de nacimiento. Nacían así

Cronos, Mantas y Abbadon, «más que
nombres de escena, estados de ánimo»
según contó Cronos entrevistado en
1982: «Es como una posesión. Lo cierto es que nos sentimos poseídos antes
de un concierto. Empezamos a enfadar-
nos y enloquecer. Tenemos que pelear-
nos antes de poder subir al escenario…
es la única manera en que podemos tocar». Un cabreo que solían contagiar a
su público en sus primeros días, básicamente porque sonaban como el culo.

Petardos y cohetes

Y tampoco es que ese público fuera muy numeroso, como apunta Jess Cox,
ex cantante de Tygers Of Pan Tang: «Recuerdo el primer show de Venom
en Wallsend, justo enfrente de Impulse Studios, para el cumpleaños de la
madre de uno de ellos. Solo había unas diez personas ahí, y la banda tenía
largos tubos de metal llenos de pólvora a los lados del escenario. ¡Uno se
cayó y explotó, y casi se lleva a las familias por delante!»

No era la primera vez que su afición por la pirotecnia les causaba algún problema. Tiempo atrás su cantante Clive Archer se saltó un ensayo, molesto porque su jardín trasero había sido destruido: la banda lo había utilizado como campo de pruebas para sus fuegos artificiales. Para seguir con el ensayo Cronos se encargó de las voces y lo hizo tan bien que decidieron darle la patada a Archer, el cual se vio –en tiempo récord– de patitas en la calle y encima con el césped de casa hecho unos zorros. A eso se le llama tener un mal día.

De hecho su fama en cuanto a la pólvora tiene más de mito que de realidad. Cierto es que la banda fantaseó más de una vez con crear un show al estilo del de KISS, pero siempre se toparon con un problema: no tenían pasta más que para cuatro petardos y cohetes, como quien dice. Incluso en uno de sus conciertos más celebrados, el que tuvo lugar en el Hammersmith Odeon durante la gira de su tercer disco *At War With Satan* (1983), lo que en principio iba a ser un infierno pirotécnico se quedó más bien en un modesto desfile de bengalas que, para más inri, acabaron prendiendo fuego a las cortinas tras la batería.

Canutos de palmo y ojos morados

Pero como hemos visto en la cita inicial, Venom tenía unos fans al otro lado del charco que trataban de buscar su propio hueco en la escena: Metallica. Sabiendo de ellos gracias a una casete con las demos de *Metal Up Your Ass* y a un cochambroso vídeo en directo grabado en San Francisco, Venom pidió a Hetfield y compañía que abrieran para ellos en su gira americana de 1983, y les dio su primera gran oportunidad en Europa un año después —«sonaban bastante 'Venenosos' y llevaban camisetas de Venom en escena»– recordaba Cronos a principios de 2019 en una entrevista para Classic Rock.

Una buena memoria que al parecer no comparte con Ulrich, al que llama cariñosamente Arse (culo) en vez de Lars: «leí una entrevista con Arse Ulrich el otro día donde decía que el comienzo de su carrera fue en una gira con Motörhead. ¡Qué me aspen! es raro, ¿eh? Ahí ves lo que pueden causar los peligros de la fama: se te borra la memoria y hace que te pongas maquillaje de chica». Puyas aparte, Cronos no dejó de ser fan a su vez de Metallica, y cuenta una divertida anécdota de cuando años después fue a verles, –como público– al Whitley Bay Ice Rink de Tyne and Wear, en el norte de Inglaterra: «Los de seguridad me vieron encender un enorme canuto y empezaron a perseguirme, pero escapé y me metí en el *snake pit* (un foso en medio del escenario donde parte del público puede ver al grupo tocar por encima y alrededor de ellos). Me lo pasé bomba riendo y haciendo pogo con los fans, y luego logré captar la atención de Hetfield y le grité: '¡Bájate de ahí, eres un mierda!'. Tardó un par de segundos en darse cuenta de que era yo. Fui al *backstage* tras el show y tomé unas cuantas cervezas con ellos, luego me fui con Arse en busca de mujeres. Estuvo bien verlos de nuevo, y fueron lo suficientemente amables conmigo».

No tan amables fueron Slayer, para los que también abrieron en los viejos tiempos. En cierta ocasión, estando ambas bandas poniéndose a gusto en el autobús de gira, Tom Araya se levantó y dijo que tenía que ir a mear y preguntó dónde demonios estaba el lavabo. Cronos le soltó una típica vacilada de borracho: «Aquí, justo en mi boca», pero antes de que nadie pudiera reaccionar Araya se sacó la polla y empezó a mearle el pelo. Por muy desfasada que esté la fiesta a nadie le hace especial ilusión que se le orinen en la cabeza (no al menos en un contexto libre de parafilias), y a Cronos tampoco se la hizo. Se puso de pie, arrinconó a Tom y le soltó un buen derechazo. El resto de la noche transcurrió entre reproches mutuos, y el resto de la gira con Araya luciendo su ojo elegantemente enlutado.

SAXON

Biff Byford, sobredosis de sensatez

En un libro dedicado en buena parte a los excesos y los desastres asociados al heavy metal, debe constar obligatoriamente –ni que sea por contraste– una de las bandas más míticas y currantes del género: Saxon. Como cualquier grupo con una dilatada trayectoria, anécdotas no les faltan, pero la lucidez con que su líder Biff Byford habla hoy día de las drogas y el alcohol merece que le dediquemos unas líneas. Nacido en Honley, una vieja ciudad minera de West Yorkshire, Biff (de nombre real Peter Rodney) siempre ha sido un *working class hero* que no tardó en considerar que las drogas estaban sobrevaloradas. Especialmente, porque en su entorno no eran frecuentes. Honley era poco más que una serie de casas construidas alrededor de una mina de carbón y una fábrica, y la droga local era la priva. De hecho sí reconoce haber bebido un montón cuando era joven, hábito no solo inducido por el ambiente sino posiblemente heredado de su padre, un gran bebedor, y haber tonteado con algunas sustancias como hacen todos los críos: «Paul Quinn y yo probamos algunas cosillas en nuestras primeras bandas. Un poco de cocaína, fumamos bastante cannabis como hacen los jóvenes, pero no se convirtió en un hábito. Simplemente nos lanzamos a la música. Y había muchas chicas alrededor. Así que eso era a lo que nos dedicábamos: el sexo y el rock'n'roll sin las drogas. Dos de tres no está mal».

Una de las razones de que no se convirtiera en hábito puede que fuera que Biff nunca fue capaz de actuar estando borracho. El alcohol te abotarga, y él necesitaba moverse y cantar sin esa sensación encima.

Un reconocimiento de los propios límites y capacidades no muy habitual entre las estrellas, refrendado en lo referente a las drogas psicodélicas: «Tomé un poco de LSD para ver cómo era. Estuvo bien, muchos colores, muchas flores allí donde no había ninguna. Pero muchos de nuestros amigos tuvieron viajes realmente malos. Solo lo tomé dos veces, y sinceramente no me inspiró a escribir otro *Electric Ladyland*. Ocurrió lo mismo cuando escuché «Eight Miles High» o «Itchycoo Park». El significado se me escapaba, solo pensé que eran grandes canciones».

Una actitud tan inteligente como profesional que, por suerte, no fue se-
cundada por otros músicos del género. Si no, libros como este apenas pasa-
rían de las diez páginas.

Biff Byford, alma sajona.

Defensores de la fe (en el censo)

Desde 1801, cada diez años (con la excepción de 1941, durante la Segunda Guerra Mundial) se han realizado censos completos coincidentes en las
diferentes jurisdicciones del Reino Unido. Hasta entonces una cosa seria y
burocrática, en el censo de 2001 hubo una campaña para alentar a responder
a la pregunta de la religión profesada con «Jedi». Y como cualquier cosa
relacionada con La Guerra de las Galaxias, tuvo un éxito atronador: cerca de
trescientas noventa mil personas en Inglaterra y Gales afirmaron ser devotos
seguidores de la fe Jedi.

Unos tres años antes del siguiente censo, el de 2011, la revista *Metal Hammer* lanzó otra campaña para instar a los metalheads a que registraran oficialmente su fe como «heavy metal» al rellenar el cuestionario del censo. La proposición consiguió el respaldo de Biff Byford quien, según la revista, se convertiría en el «embajador de la paz mundial del metal» de la fe propuesta, en caso de que la campaña tuviera éxito.

Y a fe que lo tuvo. No tanto como la de los Caballeros Jedi (cuyo número, por cierto, se desplomó casi a la mitad en este nuevo censo), pero sí el suficiente para que más de seis mil personas consignaran el heavy metal como su religión.

Alexander Milas, editor de *Metal Hammer*, dijo en su momento: «Como muchas buenas ideas, esta surgió en un pub y la respuesta ha sido abrumadora. Refuerza la creencia de que el heavy metal sigue siendo fuerte en su lugar de nacimiento, el Reino Unido y en todo el mundo». Biff, por su parte, declaraba en 2010 a *The Independent* que «el heavy metal es una música tribal y todos somos miembros de la tribu. El público es muy, muy leal... especialmente los alemanes. No es como la música pop, donde si la siguiente canción no es lo suficientemente buena, la gente te olvida; con nuestra música, los fans te permiten que saques alguna mierda de vez en cuando, y eso es muy grande».

¿Es pues el heavy metal, después de todo, puro amor y paz incondicional? ¿Habrá que cambiar décadas de cuero y tachuelas por una indumentaria más hippy? No hay motivos para alarmarse, ni para abrazar de repente las monsergas new age. Como bien señalaba Biff en la misma entrevista: «La música no es sobre el amor. Nuestras canciones son más sobre Ricardo Corazón de León, trenes de acero y truenos. Pero cuando haces click con un público numeroso, puede ser toda una experiencia, una conexión a nivel masivo... supongo que podría decirse que en cierto modo es una experiencia religiosa».

Fiebre en las gradas

Geezer Butler y el actor Tom Hanks son amigos, amistad surgida a raíz de su amor mutuo por el Aston Villa, histórico club de fútbol de la Premier League. En ocasiones se les ha visto acudiendo juntos a partidos de su equipo como dos hinchas más. En una entrevista para el canal del club en YouTube, Geezer afirmó que la leyenda del Villa Peter McParland es su «héroe de toda la vida» y cuando en 2006 Black Sabbath fueron inducidos al Rock and Roll Hall of Fame se pudo escuchar al bajista gritar desde el podio «Up the Villa!»

Pero Geezer no es el único músico de heavy metal aficionado al balompié. En realidad de entre las bandas de heavy británicas de los setenta y ochenta encontramos a más de uno y de dos hinchas. *Verbi gratia...*

Iron Maiden son supporters del West Ham. Steve Harris incluso fue tanteado por un ojeador y se le planteó ingresar en las categorías juveniles cuando tenía catorce años, pero el heavy metal se impuso. Si nos fijamos en su bajo descubriremos el escudo del club grabado junto a las cuerdas; y una mirada todavía más detallada a la contraportada del álbum *Somewhere In Time* (1986) nos revelará una tremenda goleada del West Ham sobre el Arsenal.

Dos miembros de Def Leppard tienen su lealtad dividida entre los dos clubes de su ciudad natal. Joe Elliott es hincha del Sheffield United mientras que Rick Savage apoya al Sheffield Wednesday (aunque Rick estuvo por un breve periodo en la escuela juvenil del United). Por su parte Vivian Campbell es un declarado seguidor del Leeds United y Phil Collen del Tottenham Hotspur.

El Newcastle United cuenta con no pocos simpatizantes famosos, Sting y Mark Knopfler entre ellos, pero seguramente su mayor seguidor sea Brian Johnson. Al cantante de AC/DC incluso se le tentó a principios de los ochenta con nombrarle miembro honorífico del club... a cambio de una donación de medio millón de libras. Brian se lo pensó durante unos segundos...y no picó.

Por su parte Ian Hill, bajista de Judas Priest, es un reconocido seguidor del West Bromwich Albion F.C., otro histórico que se mueve en la parte media baja de la Premier. En una entrevista de 2015 en el portal metalasfuck.net Hill bromeaba cuando le preguntaban al respecto, «¡debo ser el único fan del West Brom!» declaró entre risas.

PORTADAS CON HISTORIA
WITCHFINDER GENERAL
Death Penalty
(1982, Heavy Metal Records)

A día de hoy la portada del primer disco de Witchfinder General –nombre tomado del film homónimo de 1968 interpretado por Vincent Price– todavía impacta; por atrevida, por estrafalaria y por kitsch. Cuatro mastuerzos envueltos en unas vestimentas de época –de la época de Cromwell concretamente, allá por el siglo XVII– acosando a una pobre damisela prácticamente desnuda en medio de un camposanto.

Una escena ideada por Paul Birch, capo de Heavy Metal Records, que además propuso a Joanne Latham como protagonista femenina del retablo. Latham era una reconocida modelo publicitaria que a finales de los setenta consiguió una cierta notoriedad apareciendo en *Penthouse y Playboy* y, de paso, manteniendo sendos romances con Bob Guccione (el padre y luego el hijo) y con Hugh Hefner. Con ese currículum, salir en la cubierta de un disco enseñando su generosa delantera no le supuso obviamente ningún problema.

La sesión fotográfica tuvo lugar al alba, en el cementerio de la Iglesia Saint Mary The Blessed Virgin en Enville, Staffordshire. Y, por lo que se cuenta, sin el permiso del vicario, que presumiblemente no hubiera visto con buenos ojos la escenita. Pero lo más curioso del caso es que Witchfinder General eran un trío pero querían aparecer como un cuarteto, así que el guitarra Phil Cope se inventó un alias –Wolfy Trope– como bajista para los créditos. Claro que inventarse un nombre es una cosa, pero ¿cómo representarlo en la portada? La respuesta la obtuvieron en Crave Rockersmith (Rocky para los amigos), el *roadie*–chófer–chico–para–todo de la banda que se sumó más que encantado a la foto.

En una entrevista realizada en 2004, el propio Phil Cope decía sobre aquel día que «por lo que recuerdo llegamos al cementerio muy pronto (…) debían ser las seis, el sol estaba a punto de salir. Era un bonito amanecer y las fotos salieron geniales. Cuando los periódicos se hicieron eco, recibimos mucha prensa de la televisión local, noticias, todo. Y pasamos de ser una banda amateur a una más profesional de la noche a la mañana».

Para todos aquellos que no tengan el elepé pero sientan curiosidad, apuntar que en la contraportada aparece Joanne Latham ya ajusticiada y ensangrentada. Un final feliz para nuestros jueces puritanos que repetirían jugada al año siguiente–con más mujeres escasas de ropa– en su segundo disco *Friends Of Hell* (1983).

VII. BRUCE DICKINSON
El pluriempleo como hobby

De entre todo lo positivo que uno puede decir de Iron Maiden, que es mucho, una de las cosas que no admite discusión y que solo un necio pondría en duda es que en sus filas han militado dos de los tipos más inteligentes del negocio: Steve Harris y Bruce Dickinson. El primero como padre de la criatura, principal compositor y responsable de buena parte de su particular imaginería y su vertiente comercial y el segundo como uno de los de vocalistas más carismáticos del heavy metal, responsable de poner voz a incontables obras maestras del género.

Particularmente reconozco sentir debilidad por Dickinson y no solo a nivel artístico, puesto que pocos personajes hoy día resultan tan… renacentistas, por decirlo de algún modo.

Un hombre ocupado

Y es que dejando aparte su trayectoria musical tanto con Samson (cuando todavía se hacía llamar Bruce Bruce) como especialmente con Maiden y en solitario, a nuestro hombre el adjetivo «inquieto» se le queda dramáticamente corto. Como piloto comercial titulado trabajó para Astraeus Airlines con rango de comandante y acostumbra a pilotar el *Ed Force One*, un Boeing 747–400 (previamente fue un Boeing 757) tuneado como avión privado de la banda en sus giras; tras el cierre de Astraeus, en 2012 fundó su propia compañía de mantenimiento de aviones y capacitación de pilotos, Cardiff Aviation Ltd. Nada mal para un voceras melenudo, pensarán ustedes, pero no acaba ahí la cosa ni mucho menos. Dickinson ha presentado documentales de televisión, es autor de novelas y guiones cinematográficos y de 2002 a 2010 presentó el *Bruce Dickinson's Friday Rock Show* en la BBC Radio 6 Music. Y como aún le sobraba un poco de tiempo, en 2013 colaboró con Robinsons Brewery, una cervecera de Stockport, cerca de Manchester, en la elaboración de una receta para una nueva cerveza a la que denominaron *Trooper* en referencia al clásico tema de Maiden y que se reveló un éxito casi inmediato, con millones de pintas facturadas al poco tiempo.

Piloto, escritor, empresario, locutor y maestro cervecero… ah, calla, también es profesor de Historia, Doctor Honoris Causa por la Queen Mary University de Londres por su contribución a la música… ¡y experto en esgrima! Como lo oyen, Bruce Dickinson maneja la espada como un mosquetero consumado y en los noventa llegó a alcanzar el séptimo puesto en el ranking de la disciplina en Gran Bretaña, fundando de paso una empresa de equipamiento esgrimista llamada *Duellists*, otro guiño a una de las canciones de su banda. Sumémosle a todo ello una voz potente y personalísima y un innegable magnetismo en escena y convendrán conmigo en que, como suele decirse, cuando este tipo nació rompieron el molde.

Pero pese a todos sus triunfos, ni siquiera él se ha librado de los rigores y pequeñas tragedias del directo, imprevistos varios de los que hemos seleccionado unos pocos por su importancia circunstancial.

Bruce Dickinson, come fly with him!

¡Yo sufro por mi arte!

El primero tuvo lugar durante la mítica edición de Rock in Rio en enero de 1985, con un cartel en el que junto a Iron Maiden también aparecían nombres de primera fila como Queen, AC/DC, Scorpions, Rod Stewart, Ozzy Osbourne o Yes entre muchos otros. La historia es que el sonido era nefasto y Bruce trataba de comunicarse con el técnico, sin lograrlo. Tras presentar «Revelations», sale por un lateral del escenario y al poco vuelve dando brincos con una guitarra colgada al cuello. Que ya me dirán ustedes qué falta le hacía, pero bueno. Empieza el tema y mientras Murray y Smith se encargan de lo suyo, el bueno de Bruce va soltando algún acorde que otro mientras canta. Y entonces, tras el primer solo del tema y cada vez más cabreado por el tema del sonido se acerca al frente del escenario y empieza a oscilar su guitarra atrás y hacia arriba. Una vez, dos veces. Atrás y hacia arriba, tres veces. Y a la cuarta, catacrac, en toda la ceja. La filmación que existe muestra el momento filmado desde detrás, pero se ve claro el piño y cómo al instante sale de escena, para volver al cabo de nada y seguir, con una brecha sobre el ojo izquierdo de la que mana un hilo de sangre rostro abajo. Y sin ser una heroicidad que vaya a pasar a los anales del heavy, la verdad es que esa segunda parte del tema cantado por Bruce con la cara medio ensangrentada le da un plus de épica a un tema ya de por sí majestuoso. Y es que como él mismo dijo diez años después: «¡yo sufro por mi arte!». Claro que lo dijo en referencia a un episodio bastante menos digno.

Depilación imprevista

La cosa es que en 1996, durante el tour de *Skunkworks* –su tercer disco en solitario–, Bruce sufrió en Pamplona un percance de los que a menudo ocurren cuando estás de gira: alguien le afanó los pantalones. No los llevaba puestos, se sobreentiende, pero el inconveniente no era menor tal y como recordaba el propio cantante en una entrevista en la web de rafabasa: «Por aquel entonces no andábamos muy bien de presupuesto y solo tenía un par de pantalones. Eran negros, imitación de piel de serpiente y alguien me los robó. Y claro, ¿dónde se supone que podía encontrar un par de esos pantalones en Pamplona un domingo por la mañana? Finalmente encontramos una tienda para chicas abierta, donde encontré unos pantalones de pvc ajustados en los que casi no podía ni entrar.

Durante el concierto noté que todos me estaban mirando asustados y con las caras atemorizadas. Pensé: 'Bien, lo estamos haciendo bien esta noche'. Entonces me di cuenta de que mis peludas pelotas se habían liberado y estaban bailando. ¡Los pantalones se habían roto! Así que caminé como un hombre fuera del escenario. Solo llevábamos tres canciones, o sea que usé cinta aislante negra para cubrirme. Habrás oído hablar de la cera brasileña, después de esto yo tuve mi versión pamplonica».

Bruce contra la bruja mala

Cejas abiertas, depilación con cinta americana... ¿qué más puede pasar? ¿Qué te tiren huevos al escenario? Pues eso y mucho más sucedió en agosto de 2005, en el último concierto que Iron Maiden iban a ofrecer en el Hyundai Pavillion de Devore, California en el marco del Ozzfest, un festival itinerante organizado por la familia Osbourne. Al parecer Bruce había hecho en prensa algunos comentarios un tanto puñeteros respecto a los reality shows (recordemos que Ozzy y su mujer Sharon triunfaron a lo bestia en la MTV con su programa The Osbournes), al teleprompter del madman en escena y, de paso, a cierto sector del público americano. Declaraciones ligeramente ácidas que tuvieron una respuesta desproporcionada, histérica y miserable por parte de Sharon Osbourne y su séquito en forma de boicot al show de los británicos. ¿Cómo? Pues reuniendo a unos cuantos colegas en primera fila y empezando a lanzar huevos, tapones de botellas, cervezas y hasta algún escupitajo ocasional en cuanto Iron Maiden arrancó su actuación. Lejos de amilanarse, Dickinson y los suyos siguieron adelante con el concierto no sin sufrir cortes de alimentación en el equipo cada dos por tres (hasta seis veces cuentan los presentes) y otros sabotajes varios contra los que la banda se rebeló ofreciendo un concierto tan profesional como apoteósico.

Un episodio vergonzoso pero no demasiado sorprendente a poco que uno conozca el talante de esa espantosa hidra con la que se casó Ozzy, la cual recibió parte de su merecido al salir al escenario para dirigirse a la multitud. En palabras del mánager de una de las bandas del festival allí presente: «no habían pasado ni diez segundos desde que Maiden dejara el escenario, cuando entró en escena Sharon Osbourne y, como podía esperarse, intentó elogiarles con falsedad y desgana, diciendo que les gustaría 'darle las gracias a

Iron Maiden', que eran una banda maravillosa, que su equipo era 'fantástico' para luego desdeñosamente soltar 'pero Bruce Dickinson es un gilipollas'. Todo el público, caliente por el asunto, empezó a abuchearla a gritos, tirándole vasos de cerveza y chillándole 'zorra'. Ella intentó seguir, añadiendo que 'Bruce le había faltado al respeto al Ozzfest' y solo consiguió que no se la oyera a causa de un mar de abucheos y que la mojaran de cerveza. Tiró el micrófono y salió del escenario como una exhalación».

En 2017 Bruce zanjó la polémica de una vez por todas, quitándole importancia y calificando el desafortunado incidente como «una tormenta en una taza de té. Crecí escuchando a Sabbath con Ozzy. Ozzy y Sabbath son iconos así que eso es todo, final de la historia».

En zona hostil

Y es que obviamente para un tipo que actuó en Sarajevo el año en que la ciudad atravesaba la peor fase de la guerra de Bosnia, que una bruja sin escoba le insulte y un grupo de cretinos babeantes le tiren unos cuantos huevos no dejaba de ser un juego de niños. Para aquellos que no conozcan la historia, en 1994 dos miembros británicos del personal de las Naciones Unidas propusieron a Bruce y su banda –un año antes el vocalista había abandonado a Maiden– ofrecer un concierto en la ciudad. Una oferta rayana en la locura, pero al mismo tiempo una aventura que nuestro protagonista no quiso rechazar. En su recién publicada –e interesantísima– autobiografía *¿Para qué sirve este botón?* puede leerse de primera mano la experiencia. Desde el vuelo en un avión militar hasta la  ciudad croata de Split, el viaje en un autobús de una ONG camuflado con dibujos de Astérix, Félix el Gato y el Correcaminos (wtf?) hasta su llegada a una ciudad sitiada y destruida, pasto de bombardeos y francotiradores a diario, la rueda de prensa en la antigua Villa Olímpica y finalmente su concierto en el abarrotado Centro Cultural de Bosnia la noche del 14 de diciembre de 1994.

Un hito que le marcó, tanto a él como a sus músicos –de los niños que visitaron en un orfanato local Dickinson recuerda que «sus expresiones eran como máscaras, carentes de emoción, sin contacto humano»– y del que en

2016 dio por fin testimonio el documental *Scream For Me Sarajevo*, de obligado visionado para cualquier fan suyo en particular y del heavy metal en general. Como broche de oro a tamaña aventura, en abril de 2019 el alcalde de Sarajevo, Abdulah Skaka, nombró a Bruce ciudadano honorario, entregándole el galardón en el mismo ayuntamiento de la capital de Bosnia–Herzegovina.

Por todo ello y mucho más que no mencionamos por hacer sitio a otros nombres permítanme servirles unas copas, damas y caballeros, y brindemos por Paul Bruce Dickinson. Porque sin él, su voz y sus tribulaciones, este mundo sería ligeramente peor. E infinitamente más aburrido.

BÚSCATE UN TRABAJO DE VERDAD

En el mundo del heavy metal, como en el de la música popular en general, muy pocos empiezan dedicándose a ello a tiempo completo. Antes de poder vivir solo de los riffs y los dobles bombos (los que lo consiguen, que esa es otra) no es extraño tener que ganarse las lentejas currando en mil y una ocupaciones de lo más peregrino. Obviamente sería una tarea demasiado ingente enumerar todos y cada uno de los empleos que tuvieron las estrellas del metal antes de triunfar, pero sí resulta divertido –y sorprendente en no pocos casos– conocer algunos de ellos por salirse de lo habitual. Y no solo los previos sino los posteriores e incluso, en ciertos ejemplos, la alternancia entre ambos.

Con lo contenta que estaba mamá

Empecemos por Gene Simmons. Nuestro querido demonio descubrió a temprana edad que el dinero y el sexo a toneladas pueden no dar la felicidad, pero se las apañan muy bien para simularla. Y con esos dos sanos y loables objetivos en mente no escatimó esfuerzos para que su banda acabara siendo la maquinaria de fabricar dólares que todavía es a día de hoy. Pero lo que no todos saben es que a principios de los setenta, en el impasse entre Wicked Lester y lo que habría de ser finalmente KISS, el amigo Gene –que se acababa de licenciar en Educación– trabajó una temporada como maestro de sexto curso en un colegio del Spanish Harlem neoyorkino. Imaginen ustedes poder decir a sus amistades, ya de adulto, que tuvieron de profesor al mismísimo The Demon. Eso sí, no fue una experiencia muy prolongada, y Gene pronto alternaría los ensayos con otros empleos, a saber: ayudante en el Consejo Interagencial de Puerto Rico, empleado temporal en la Agencia Kelly y un curro en *Vogue* como asistente de la editora Kate Lloyd, entre otros pasatiempos.

Otra ocupación insospechada previa a su carrera musical la encontramos en Tom Araya, bajo y voz de Slayer. Nacido como Tomás Enrique Araya Díaz en Viña del Mar, Chile pero emigrado a California junto a su familia cuando solo tenía cinco años, el joven Tom tomó la decisión de convertirse en inhaloterapeuta en 1980, a sugerencia de su hermana mayor. Bueno, y de su padre, que viendo la temprana afición de su hijo por el rock le dijo –como todos los padres del mundo o casi– que se apuntara a ese curso o se buscara un empleo decente de una puñetera vez. Dicho y hecho, Araya se inscribió en un curso técnico de dos años aprendiendo sobre las proporciones en la mezcla de aire, la extracción de sangre, cómo intubar y todo eso hasta conseguir finalmente un trabajo en el Brotman Medical Center de Culver City. Lo cual permitió que cuando Kerry King le pidió que se uniera a Slayer no solo aceptara, sino que usara sus ganancias como terapeuta para financiar el debut de la banda, *Show No Mercy* (1983); no obstante la primera gira europea del grupo al año siguiente le mostró la incompatibilidad de ambas ocupaciones, y por suerte para nosotros escogió la correcta.

Por su parte Serj Tankian, cantante de System of a Down, es un claro ejemplo de espíritu emprendedor. Reconocido activista, defensor de los derechos humanos y la justicia social así como inveterado ecologista, Serj fue asimismo un estudiante aplicado que se licenció en Marketing y Negocios por la Universidad de California. Tras pasar por diversas compañías como empleado, fundó su propia empresa a la que bautizó como (no me hagan traducir esto, se lo ruego) Propriety Vertical Industry Modular Accounting Software. Dedicado al desarrollo personalizado de sistemas de software de contabilidad para la industria de la joyería en California, no le iban nada mal las cosas a Serj hasta que la banda con la que ensayaba trabó amistad con otra en el mismo local, hubo química y el resto es historia.

Licenciados, profesores, políticos… ¿pero esto qué es?

¿Más ejemplos? Por supuesto, a mansalva. La creencia popular –lamentablemente todavía persistente en muchos ámbitos– de que los músicos de heavy metal son unos cavernícolas poco más evolucionados que el hombre de Orce (vale, algunos sí, pero los menos) se da de bruces cuando vemos casos como los de Nergal, frontman de Behemoth quien se sacó la carrera de Historia más un año de Latín en la Universidad de Gdansk y, de propina, es conservador de museos titulado en su Polonia natal. Profesiones serias y respetables que combina con la copropiedad de tres barberías, dos en Varsovia y una en Gdansk y con la gerencia de una discoteca en Sopot llamada Libation.

Otro titulado nada menos que en Químicas es el gran Kim Bendix Petersen, aka King Diamond, y no demasiados metalheads saben que antes de entrar en Mercyful Fate trabajó en el desarrollo de fármacos como asistente de laboratorio.

Pero si en algo hay tendencia cuando hablamos de esos «otros trabajos» en el mundo del heavy, es en la docencia. Ya sea en escuelas o universidades, no son pocos los hachas que se han dedicado a ello, o se dedican todavía. El mítico Wagner «Antichrist» Lamounier, *verbi gratia*, es economista y tras la disolución de Sarcófago en el año 2000 se empleó como profesor de ciencias económicas y estadística aplicada en la Universidade Federal de Minas Gerais en Belo Horizonte, Brasil. El ex bajista de Opeth Johan DeFarfalla, otro que tal baila: trabajó como profesor en la Escuela Secundaria Popular de Storvik hasta 2012 y más tarde como director de la escuela Tollare en Värmdön, al este de Estocolmo. En la actualidad se ha pasado a la política, militando en el partido Christian Democrats. ¿Quién da más? Pues el dúo que conforma los míticos Darkthrone. Ted Skjellum –Nocturno Culto para los amigos– trabaja como profesor en una escuela mientras que Gylve Fenris Nagell (Fenriz) lleva dos décadas en el servicio postal noruego currando de cartero. En régimen de jornada reducida, eso sí.

Si nos metemos en el tema de las finanzas o la tecnología, aparte de Tankian también encontramos curiosos ejemplos como los de Johnny Hedlund de Unleashed, que es economista y trabaja a tiempo parcial como director financiero. Y en Obituary tampoco se aburrían, no se crean. El bajista Frank Watkins, fallecido en 2015, solía trabajar en banca hipotecaria y el vocalista John Tardy, por su parte, posee un negocio de redes informáticas.

Trabajos manuales

Profes universitarios, empresarios y hasta banqueros… habrá también gente con trabajos más de a pie, se preguntarán ustedes, no sin razón. En efecto, la hay. En un episodio del podcast MetalSucks (abril de 2015 más concretamente) el líder de Testament Chuck Billy reveló que estuvo trabajando para una compañía de camiones hasta unos cuatro años antes: «Trabajé durante diecisiete años en una empresa de camiones. Siempre fui el tipo de persona que cuando salía de la carretera no quería sentarme en casa, tenía que mantenerme ocupado y, afortunadamente, tenía un amigo que es dueño de una compañía de camiones que transporta el correo de los Estados Unidos. Terminé siendo un coordinador de seguridad de la empresa y viajé dando conferencias de seguridad a todos los conductores de camiones».

En el mismo programa otro mítico thrasher, Steve «Zetro» Souza de Exodus explicó que se unió a un sindicato de carpinteros y se mantuvo a flote durante sus años menos activos con la banda: «Fui capataz en el sindicato durante veintiún años. Cuando me echaron de Exodus en el 93, ingresé en el sindicato donde estaba mi hermano. Cuando volví a unirme a Exodus, era lo que estaba haciendo y me ganaba la vida con ello (…) Las puertas eran mi especialidad. Instalaba puertas en edificios de gran altura; toda la ferretería que hace que abran y cierren por sí mismas, pestillos, puertas contra incendios, ese tipo de cosas. Era un trabajo donde estaba completamente fuera del ojo público. Me puse un casco y al cabo de un tiempo me convertí en capataz». Camiones, carpintería… nos falta algún representante de la ley ¿no? Dicho y hecho. Desde 2003, tras su primera espantada al frente de Iced Earth y sintiendo un cierto compromiso tras los ataques del 11–S, Matt Barlow estuvo trabajando como policía en el departamento de Georgetown, Delaware, durante casi cuatro años.

Se dice por ahí también que Dave Mustaine trabajó como teleoperador entre su salida de Metallica y el nacimiento de Megadeth, pero a Dave hay que darle de comer aparte y para eso tiene su propio apartado en este libro.

Gente del negocio

Y luego están esas ocupaciones más digamos, acordes; más en sintonía por la propia esencia de la profesión con lo que representa el heavy metal ya sea desde el mundo del espectáculo –entendido en el sentido más amplio– o de las, ejem, funerarias. El caso más conocido a este respecto es el de Jonathan Davis, líder de Korn y figura principal en el nu metal de los noventa: estudió en la School of Mortuary Science de San Francisco durante sus años universitarios y se convirtió en embalsamador profesional para una funeraria así como ayudante en el Departamento Forense de Kern County, California.

Mucho más alegre y distendido es el pluriempleo de Evan Seinfeld, vocalista y bajista de Biohazard el cual actuó en varios films independientes e interpretó el personaje de Jaz Hoyt en la serie carcelaria Oz de HBO durante cuarenta episodios. Ocupación que simultaneaba con su propia banda y una tercera afición: el cine para adultos. Casado con la famosa actriz porno Tera Patrick, actuó junto a ella (y encima y debajo, no hace falta decirlo) en siete películas bajo el nombre artístico de Spyder Jonez, manteniendo además su propia productora Iron Cross Entertainment, entre otros negocios.

Evan & Tera, porno conyugal.

Por no hablar de Jonas Åkerlund, primer batería de Bathory, que encontró poco después su verdadera vocación como director de videoclips. Primero con Candlemass (suyo es el vídeo de «Bewitched») y más tarde entrando en nómina de Roxette y empezando a manejar panoja en serio. A partir de ahí puede verse su firma en clips de nada menos que Metallica, Christina Aguilera, Smashing Pumpkins, U2, Blink–182, Rammstein, Britney Spears o Lady Gaga. En 2002 debutó como director de cine con el film *Spun* interpretado por Jason Schwartzman, John Leguizamo y Mena Suvari entre otros, y ahora acaba de estrenar *Lords of Chaos* (2018), su particular crónica del black metal en los primeros noventa.

Del death al green

Pero si hubiera que escoger entre solo una de todas esas ocupaciones más allá de militar en una banda de heavy metal, mi preferida sin duda sería la de Bob Rusay, ex guitarrista de Cannibal Corpse que ahora ¡es profesor de golf en Arizona! Despedido de la banda en 1993, Rusay se casó y tuvo dos hijos. Animado por su mujer, comenzó entonces una carrera en el golf, un deporte que había practicado de bien jovencito antes de dedicarse al death metal.

Hasta que finalmente recibió su certificación como profesor por parte de la United States Golf Teachers Federation y entró a trabajar en el Western Skies Golf Club de Gilberg, Arizona.

Podríamos seguir, en fin, con multitud de ejemplos pero en ese caso ya entraríamos en la segunda y tercera divisiones del metal, allá donde mantener un segundo trabajo casi siempre tiene más que ver con la supervivencia pura y dura que con lo vocacional o con las ganas de hacer algo distinto entre gira y gira. En cualquier caso cuando acudan al próximo concierto de heavy que tengan en agenda, piensen por un momento que esos tipos que están ahí arriba reventando los amplis puede que pasen una parte importante de su tiempo ofreciendo líneas de crédito, instalando persianas o patrullando su barrio.

VIII. OZZY OSBOURNE
Diario de un lunático

El comportamiento de Ozzy Osbourne durante los setenta como vocalista de Black Sabbath dista mucho de resultar ejemplar más allá de los cánones del rock, pero comparado con el catálogo de burradas que perpetraría en la década siguiente, casi podría calificarse de modélico. El listado de barbaridades que llevaría a cabo en los años siguientes a la salida de su primer grupo es tal, y de tal calibre, que es imposible escribir un anecdotario del heavy metal sin hacer referencia a algunas de ellas, tratando además de diferenciar el mito de la realidad.

Palomas y murciélagos

La primera ida de olla importante de nuestro héroe tuvo lugar en marzo de 1981. *Blizzard of Ozz*, su debut en solitario, había sido editado a finales del año anterior en el Reino Unido y estaba a punto de salir a la venta en Estados Unidos, por lo que Sharon Arden –su mánager, a punto de convertirse en la señora Osbourne al año siguiente– pensó que sería una buena idea asistir a la convención anual de ventas de CBS. Y de paso, aprovechar para organizar una pequeña presentación del disco frente a ejecutivos y demás personal de la compañía.

Una presentación que quiso adornar haciendo que Ozzy llevara tres palomas al encuentro, que debía soltar tras un pequeño discurso en un gesto de pacifismo un tanto estrambótico. Mala idea. Para empezar, en el coche de camino al encuentro, Ozzy se metió casi una botella de brandy entera entre pecho y espalda. Borracho como una cuba, no tardó en agobiarse, en especial con la relaciones públicas de la compañía, que no paraba de darle la brasa. Así que para combatir el aburrimiento y preguntándole a la buena mujer si le gustaban los animales, sacó una de las palomas y le arrancó la cabeza de un mordisco, para que se callara. Y no contento con eso, sacó una segunda paloma e hizo lo mismo, escupiendo la cabeza del bicho sobre la mesa. La mujer empezó a gritar, el personal presente no daba crédito y todo acabó como el rosario de la aurora.

Pero en el primero de muchos hábiles movimientos publicitarios, Sharon aprovechó para que aquel grotesco incidente llegara a oídos de todos los medios disponibles, que obviamente se frotaron las manos ante tamaña noticia. En cuanto los fans leyeron lo ocurrido, *Blizzard of Ozz* –que hasta entonces había tenido una discreta acogida en Gran Bretaña– empezó a venderse como rosquillas.

Pero aquella no sería la última ocasión en que Ozzy decapitaría un animal con sus dientes, aunque el siguiente episodio resultaría aún más gore si cabe. El 20 de enero de 1982, menos de un año después de lo acontecido en las oficinas de CBS Ozzy actuaba ante miles de personas en Des Moines, Iowa. Es de suponer que con ciertas sustancias cosquilleándole el cerebro, como era habitual. En un momento dado, vio caer sobre el escenario una forma pequeña y negra, que tomó erróneamente por un murciélago de goma. ¿Qué podía hacer con aquello? Solo tenía dos opciones; ignorarlo, o simular que le arrancaba la cabeza de un mordisco. Obviamente escogió la menos sensata, solo para darse cuenta de que de goma nada. El bicho era real como la vida misma y el madman se dio cuenta de ello desde el primer momento: «Mi boca se llenó al instante de un líquido caliente y viscoso, con el peor regusto que puedas imaginar. Podía sentir cómo me manchaba los dientes y me corría por la barbilla».

La leyenda que circuló durante un tiempo es que el murciélago estaba vivo y que incluso llegó a morderle la lengua, pero de eso nada. La versión correcta es aún más repugnante. Dos semanas antes el hermano pequeño de Mark Neal, un fan de Ozzy que contaba por entonces diecisiete años, había llevado a su casa un murciélago vivo y aleteando. De algún modo los chavales no fueron capaces de cuidarlo como corresponde, y el bicho pasó a mejor vida; pero los amigotes de Mark –conscientes de la reputación del señor Osbourne– le animaron a meter la carcasa del animal en una bolsa, colarla en el concierto y tirarlo a escena. En una época en que los controles de seguridad en los grandes recintos no eran especialmente puntillosos, el joven Neal entró sin problemas con el murciélago muerto bajo su chaqueta, lo lanzó al escenario y el resto ya lo sabemos… fin de la historia. Bueno, no, queda el epílogo en forma de visita rauda al Broadlawns Medical Center justo terminar el show para que a nuestro lunático favorito le chutaran una buena tanda de antirrábicas. Porque una cosa es llenarse la boca con sangre fresca de un par de blancas palomitas, y otra muy distinta con los fluidos del cadáver de un pequeño vampiro.

Cabezas de paloma, el desayuno de Ozzy Osbourne.

Recordad El Álamo

Todavía con el gustillo de la sangre de murciélago coagulada en sus encías, Ozzy se levantó el 19 de febrero en San Antonio, Texas. Y se emborrachó, a ver qué iba a hacer. Sharon, teniendo que dejarle solo, le había escondido la ropa para que no pudiera salir a la calle; pero nuestro hombre tiene recursos para todo, así que pilló del armario un lindo vestido de su mujer y salió de visita cultural por la ciudad. Obviamente, en San Antonio, lo que procede es visitar El Álamo, la antigua misión española reconvertida en fortaleza y escenario en 1836 de la famosa batalla entre el ejército mexicano y secesionistas texanos. Lo que ya no procede es llegar allí dando tumbos, travestido, y mearse en sus paredes frente al resto de visitantes.

Eso, o casi, es lo que hizo Ozzy aquella tarde. Casi, porque en realidad y aunque la leyenda diga lo contrario, no meó en los muros de El Álamo sino en el cenotafio que se encuentra justo al lado del complejo; un monumento erigido en conmemoración del centenario de la batalla, en memoria de aquellos que sacrificaron sus vidas.

Considerando que El Álamo es lugar prácticamente sagrado para cualquier tejano, la policía no tardó en aparecer y llevárselo esposado de camino a comisaría. La cosa no pasó a mayores en un primer instante, y tras un largo rato en el calabozo consiguió salir tras pagar una irrisoria multa de tan solo cuarenta dólares. Esa noche actuaría en el Hemisfair Arena Convention Center de la ciudad, pero esta no le perdonaría tan fácilmente la ofensa. Osbourne fue declarado persona non grata y se le prohibió volver a actuar en San Antonio, «condena» que cumplió durante diez largos años hasta que en 1992 ofreció a las autoridades una disculpa pública al tiempo que donaba diez mil dólares a las Hijas de la República de Texas, una organización que velaba por el cuidado y mantenimiento de El Álamo. La ciudad perdonó al cantante, y este respondió celebrando dos shows en el Freeman Coliseum los días 1 y 2 de octubre.

Hormigas y apuestas

Salto temporal hasta enero de 1984. Tras la muerte de su carismático guitarrista, Randy Rhoads en 1982, el cóctel de drogas y alcohol en el que Ozzy vivía inmerso había tomado una espiral ascendente. En aquel estado, llevar como teloneros a nada menos que Mötley Crüe en un tour por Estados Unidos solo podía que agravar la situación y, con ella, las consecuencias. Ambos artistas salían a la carretera con nuevos discos bajo el brazo –*Bark at the Moon* y *Shout At The Devil*–, pero entre show y show el reguero de guarradas, estupideces y locuras que perpetraron llegó a niveles babilónicos.

Los Crüe se creían muy chungos –y lo eran, para qué negarlo– hasta conocer en persona y convivir con Ozzy, «una masa inquieta y temblorosa dotada de una energía disparatada e incomprensible» en palabras de Nikki Sixx. La personalidad y la actitud del ex *frontman* de Sabbath –que no tardó en trasladarse cada noche al autobús de los Crüe para desfasar– superó todas sus expectativas y, en más de una ocasión, tuvieron que dar un paso atrás y reconocer que aquel tipo no estaba en sus cabales. De entre todo el marasmo de arrestos, sexo guarro, destrozos en hoteles y toneladas de drogas, una anécdota ocurrida en Lakeland, Florida, ha quedado para el recuerdo colectivo. Recién desembarcados al mediodía, fueron al bar del hotel, junto a la piscina y mientras la banda se acodaba en la barra, Ozzy se bajó los pantalanes, se metió un dólar entre las nalgas y con el culo en pompa lo fue ofreciendo a todo el que encontraba. Hasta que una señora mayor le increpó, ante lo cual él le arrebató una bolsa que llevaba la mujer y volvió al poco enfundado en un pequeño vestido (a estas alturas está claro que lo de vestirse de tía era ya costumbre) que encontró en su interior.

De repente se acercó a Nikki y le dijo que le apetecía un tirito, pero este le contestó que no les quedaba farlopa. «Dame el canuto. Me voy a meter un tiro», insistió. El bajista se lo dio y Ozzy fue junto a una grieta en la acera, por la que desfilaba una ordenada fila de hormigas. El bajista pensó «no se atreverá». Error, Ozzy siempre se atrevía. A lo que fuera. Nikki lo contaba así en la autobiografía *Los Trapos Sucios*: «Se metió el canuto en la nariz y con el culo blanco asomándole por debajo del vestido, se metió en la napia la hilera entera de hormigas mediante una única y brutal inspiración (...) A continuación se levantó el vestido, se agarró el rabo y meó en el asfalto». Las familias allí presentes simulaban no verlo, los Crüe simplemente no daban crédito. Pero no terminó ahí el espectáculo. Justo terminar, se agachó sobre el charco y empezó a lamer su propia meada del suelo, regodeándose como un gato en un plato de leche.

Y entonces se levantó y soltó: «¡A ver si haces eso, Sixx!».

Nikki pensó que no podía rechazar el reto so pena de perder su reputación, y procedió a mear, a su vez. Pero cuando ya se agachaba para imitar a Ozzy, este se interpuso ¡y empezó a lamer también aquel charco! Sixx se dio por vencido y espetó un «¡tú ganas!» que no admitía réplica. «A partir de aquel momento –asegura el bajista– siempre supimos que estuviéramos donde estuviéramos, hiciéramos lo que fuera que hiciéramos, siempre habría alguien más enfermo y asqueroso que nosotros».

Gorilas, corderos al horno y hit singles

Muchos de ustedes recordarán la canción «Close My Eyes Forever», un dueto entre Lita Ford y Ozzy Osbourne que la primera incluyó en su tercer disco en solitario *Lita* (1988). Editado como single al año siguiente, el tema se convertiría en el sencillo más exitoso de ambos artistas en cuanto a posicionamiento en las listas. Pero la historia tras la canción merece ser contada, en cuanto fue el resultado casi accidental de una noche muy poco sobria.

Así lo recuerda ella: «Close My Eyes Forever» fue un error, el resultado de estar Sharon (por entonces mánager de Lita, n. del A.), Ozzy y yo pasando el rato en el estudio. Un día se presentaron allí con un regalo para mí: un duplicado a tamaño natural de Koko, el famoso gorila del zoológico de San Diego. Era ridículamente grande, tanto que tuve que atarlo con el cinturón al asiento delantero de mi jeep para llevarlo a casa. Ozzy se quedó, Sharon se estaba aburriendo y se largó. Ozzy y yo tomamos un par de copas y nos dedicamos a improvisar. Empezamos a cantar, a hacer el tonto y acabamos escribiendo «Close My Eyes Forever».

Ozzy & Lita, tête à tête.

Lo siguiente que recuerda Lita es despertar al alba, mirar a Ozzy y pensar que la habían liado. Las dos copas habían acabado siendo bastantes más, acompañadas de otras sustancias, y tanto a ella como a Ozzy todavía les duraba el colocón. Finalmente Ozzy pidió un taxi, ella puso a Koko de copiloto y llegó a casa como pudo. Pero la canción seguía ahí, y ella quería que viera la luz formalmente, no que quedara como la típica colaboración perdida en los archivos que alguien recupera un día para un disco de rarezas.

Y ahí empezó un divertidísimo ir y venir de Ozzy al respecto. En 2014, durante una entrevista para la revista *Esquire* el viejo lo explicaba con su clásico sentido del humor: «Fui al estudio y dejamos la canción medio escrita. Así que volví a Inglaterra a la semana siguiente, y mi esposa me llama por teléfono y me dice: '¿Sabes esa canción que estabas escribiendo?' Y le digo, '¿Qué canción?' Ella responde: 'Esa canción, Lita quiere volver y terminarla contigo'. Así que vuelvo a Los Angeles, acabamos la canción y le digo: '¿Sabes qué, Lita? Puedes quedártela. No la quiero para nada'. Me subo a un avión, vuelvo a Inglaterra y luego recibo otra llamada telefónica. Es mi esposa que me dice: '¿Puedes volver? Ella quiere hacerlo contigo'. Y yo, '¿hacer qué?' Y ella: '¡grabar esa puta canción!' Accedo, grabo la canción y vuelvo a Inglaterra de nuevo. Y resulta que un par de semanas más tarde quieren hacer un vídeo. Y pienso '¡esto se está volviendo ridículo, joder!'»

No es de extrañar que acabara un poco hasta las narices de tanto volar de aquí para allá por una simple canción, pero acabó reconociendo que al final el tema funcionó estupendamente y que tanto Lita como él quedaron muy satisfechos del resultado.

De lo que Lita no quedó tan satisfecha fue de otra ocasión en que invitó a Ozzy a casa de sus padres para celebrar la Pascua, tal y como contó en un episodio de los Epic Rock Tales de loudwire.com. Aun conociéndole bien y sabiendo que el caos y la catástrofe suelen acompañarle allí donde va, por algún motivo pensó que era una buena idea. Ejerciendo de buena anfitriona, mamá Ford le ofreció a su huésped una copa de vino, que este rechazó en favor de la botella entera. Amorrado al tintorro, Ozzy se bajó el litro y pico de vino en tiempo récord antes de sentarse a la mesa, donde se le pidió que hiciera los honores cortando el cordero al horno que habían preparado para la cena. Y para tal efecto se le alcanzó un cuchillo eléctrico, en lo que fue sin duda una decisión más que cuestionable.

Cocido como una almeja, nuestro hombre introdujo la vibrante hoja en el cordero solo para que esta quedara atascada; y en un glorioso ejemplo de torpeza y coordinación etílica, acabar enviando el plato entero a la otra punta del comedor.

Con el cordero desparramado por el suelo, Ozzy soltó un «¡Oh, mierda!» seguido de un tenso, expectante silencio por parte del resto de comensales. Silencio que él mismo rompió con una de sus maravillosas reflexiones: «Bueno, ya está bien así. De todos modos yo no como cordero». Como dice Lita en el vídeo, tratándose de quien se trataba, fue algo «clásico».

Cuando Ozzy conoció a Aleister

Un buen ejemplo de lo muy metido en su propio mundo que siempre estuvo Osbourne lo tenemos en una cachonda anécdota ocurrida en 1995. Por aquel entonces Ozzy había conseguido reunir a una alineación de lujo para su banda, que incluía a Zakk Wylde tras el abandono de Steve Vai. Enfrascados en la grabación de lo que sería el álbum *Ozzmosis*, los músicos recalaron en Nueva York para trabajar en el disco y, en un rato de asueto, Zakk se acercó a una tienda de ocultismo llamada The Magickal Childe en busca de material sobre Aleister Crowley, el famoso brujo y místico (y mil cosas más). Crowley era nombre recurrente entre la comunidad hard rockera desde hacía mucho. Jimmy Page había comprado la antigua residencia del mago, Boleskine House, y otros músicos también se habían interesado por sus ideas.

Preguntándose qué veía la gente en ese tipo, Zakk empezó a buscar libros e información sobre él cuando se topó con un póster de Crowley que tenían en la tienda: «¿Cuánto por el póster» preguntó al dependiente. «Seis dólares con sesenta y seis centavos» contestó este. Zakk le dio siete pavos y le dijo que se quedara con el cambio. Así que vuelve al estudio y cuelga el maldito póster y en esas que aparece el jefe, se lo queda mirando y le suelta: «Zakk, ¿quién es ese tipo de la pared?». El guitarrista se parte de risa mientras  Ozzy insiste: «¿quién coño es?». Zakk no puede creerlo. «Ozz, ¿de verdad no sabes quién es?». «Ni puta idea» dice el *madman*. Finalmente le contesta: «Es Aleister Crowley, Ozz. Has estado cantando sobre él los últimos veinte años, hermano».

Nuestro hombre se lo queda mirando de nuevo y espeta: «Oh, vaya, ¿así que este es el aspecto que tiene ese calvo cabrón?».

¡Jamás le aceptes pastillas a Ozzy!

Kostas Karamitroudis, más conocido como Gus G. sustituyó en 2009 a Zakk Wylde como guitarra solista en la banda de Ozzy Osbourne. Y aunque musicalmente se adaptó de maravilla, física y emocionalmente no tanto. El subidón de adrenalina que experimentaba noche tras noche tocando junto a una leyenda y frente a enormes audiencias empezó a causarle serios problemas de insomnio. El viejo *madman* sabía del problema y le había ofrecido en alguna ocasión pastillas para dormir, que Gus había rechazado educadamente. Hasta que una noche no pudo más y aceptó la dichosa píldora, «una de las suaves» según le dijo Ozzy.

Tan suave que se quedó frito hasta que lo llamaron desde el lobby del hotel a las cinco y media de la tarde del día siguiente. Pero eso no fue lo peor, sino que de camino y una vez dentro del avión privado de la banda, el pobre chaval seguía con un globo de los que hacen época. Ozzy lo advirtió en seguida y partiéndose la caja le espetó: «¡estás jodidamente colocado!». El tour mánager se lo llevó aparte y le preguntó: «¡cómo demonios se te ha ocurrido aceptar una pastilla de Ozzy Osbourne!» Moraleja: en el mundo del heavy no te fíes de nadie, y menos que nadie, de Ozzy. Por lo que parece, Gus aprendió la lección.

IX. DEF LEPPARD
Billetes por las orejas

Durante mucho tiempo existió la percepción, entre los fans más cazurros, de que Def Leppard eran poco más que una banda de moñas que hacían heavy para nenas. Como mucho admitían que *On Through the Night* (1980) y *High 'n' Dry* (1981), sus dos primeros discos, eran buenos trabajos de metal inscritos en la pujante NWOBHM, pero los bombazos consecutivos de *Pyromania* (1983) e *Hysteria* (1987), con millones de copias vendidas respectivamente, hicieron torcer el morro a no pocos «defensores de la fe», que siempre los vieron como una especie de versión británica de Bon Jovi. Un grupo de nenes guapitos ansiosos por hacer las Américas y que además –oh, anatema– tenían demasiadas fans femeninas como para no resultar sospechosos.

Pero un simple vistazo a la parte menos oficial de su biografía demuestra que pese al pulcro e higiénico sonido que han practicado durante buena parte de su carrera (lo cual solo es un problema si tienes una fijación con la mugre), la misma está jalonada de las clásicas calamidades, excesos y payasadas inherentes a la mayor parte de bandas de heavy metal.

Monedas voladoras y mexicanos grasientos

Estamos en 1981, y nuestros amigos recalan en España para ofrecer varios shows junto a UFO y Rainbow (ahí es nada). Y de aquellas veladas han quedado en el imaginario popular un par de anécdotas que todo buen fan debe conocer. Gaby Alegret, cantante de Los Salvajes, fue el promotor que les trajo en esa primera visita. Según contó en una entrevista para *Jotdown*, la banda viajó a Barcelona, proveniente de Francia. Todavía de camino, hicieron llegar un mensaje a la producción: que tuviera cinco chutes preparados. Pero no de lo habitual, sino de penicilina, porque llegaban todos con una gonorrea de caballo. Lo cual no fue óbice para que acabaran llevándose una docena de señoritas al hotel. Cuenta igualmente la leyenda que en el concierto de San Sebastián a Joe Elliott alguien le lanzó una moneda, le impactó en el rostro y empezó a sangrar. Tras retirarse del escenario y ponerse una tirita se ve que Joe salió otra vez, señaló con sorprendente certeza al certero lanzador y los de seguridad lo pusieron fino. Según Gaby «casi lo matan. Le pegaron una paliza… Menos mal que llegué yo para ponerme en medio y pararon, no por mí, sino porque les dije que le iban a dejar hecho una mierda e iban a tener problemas con la ley». Ay, los ochenta…

La primera baja sensible llegaría al año siguiente, durante las sesiones para *Pyromania*. El consumo de alcohol por parte de Pete Willis, uno de los dos guitarristas originales junto a Steve Clark, había llegado a un punto de no retorno, incapacitándolo para tocar y grabar en condiciones. Con Phil Collen sustituyéndolo, Leppard tendrían otro de sus grandes momentos en directo durante un concierto en Tucson, Arizona, el 7 de septiembre de 1983.

La noche anterior habían tocado en El Paso County Coliseum y se ve que allí un grupo de entre el público –a los que Elliott identificó como mexicanos– les lanzó objetos varios, en aquellos tiempos una costumbre tan habitual como subnormal. En el show de Tucson y para animar al público durante «Rock Of Ages», Elliott dijo que la audiencia de la noche anterior había hecho mucho más ruido, refiriéndose a aquellos como «mexicanos grasientos». Una maravillosa metedura de pata que obviamente no tardó en trascender, haciendo que la Liga de Ciudadanos Latinoamericanos Unidos de El Paso llamara a boicotear su música y que el alcalde de El Paso apoyara la petición de prohibirles tocar de nuevo en la ciudad. ¡Un locutor de radio incluso se fotografió rompiendo la portada del *Pyromania*! La banda trató de deshacer el entuerto y Elliott tuvo que coger un avión y presentarse en California a pedir disculpas en una conferencia de prensa, pero no sirvió de mucho. Hasta el año 2000 no volvieron a tocar en El Paso –en 1988 lo intentaron, durante la gira de *Hysteria*, pero tuvieron que cambiar la fecha a Albuquerque por culpa de las amenazas– con lo cual constatamos que el fenómeno de los ofendiditos no es exclusivo de estos tiempos cretinos en los que vivimos hoy día.

Desgracia tras desgracia

Las cosas iban viento en popa en lo comercial, pero los años venideros seguirían trayéndoles infortunios en lo personal. Víspera de Año nuevo de 1984. Rick Allen conduce su Corvette por la A57, de vuelta a Sheffield junto a su novia Miriam Barendsen. Todo en su vida va sobre ruedas, y no es un chiste.

Hasta que un Alfa Romeo le adelantó a toda mecha, para frenar inmediatamente una vez lo hubo rebasado. Rick se picó y, haciendo el idiota uno y otro durante varias millas, vio finalmente la oportunidad y aceleró. Demasiado. Pasado de velocidad y conduciendo un coche de volante a la izquierda en una carretera inglesa, la siguiente curva le pilló desprevenido y perdió el control de su deportivo, saliéndose de la carretera y yendo a petar contra un muro de ladrillos. El coche dio varias vueltas de campana hasta detenerse muchos metros más allá, con las ruedas mirando al cielo. Miriam quedó atrapada entre el amasijo de hierros y sufrió diversos traumatismos, pero Rick no tuvo tanta suerte. Con el cinturón de seguridad mal atado, el accidente lo proyectó a través del techo descapotable del Corvette y lo mandó a mitad del sembrado adyacente, pero por desgracia no se enteró. Su brazo izquierdo se había quedado en el coche, segado a la altura del hombro.

Al parecer la fortuna quiso que cerca viviera una enfermera y que –aún más afortunadamente– otra parara su coche al ver lo ocurrido. Entre una y otra consiguieron atender a ambos e incluso recuperar el brazo y conservarlo en hielo. Menos de media hora después del brutal accidente Allen estaba ya en el Royal Hallamshire Hospital de Sheffield, donde tras cuatro horas de intervención consiguieron recolocarle el brazo. Pero cuatro días después una severa infección obligó a volver a amputar, esta vez definitivamente. Y con ello, parecía haberse acabado su carrera como batería.

El resto de la banda estaba destrozada. Leppard eran más que un grupo de hard'n'heavy. Eran amigos y desde hacía mucho, y tener que seguir con las sesiones de lo que acabaría siendo *Hysteria* sin saber qué pasaría con Rick les partía el alma. Pero decididos uno y otros a seguir adelante, consiguieron diseñar un modelo de batería –a cargo de la empresa Simmons Drums– que le permitiera, con unos pedales, suplir el brazo que ya no existía. Y así, en el marco del Monsters of Rock de 1986, Def Leppard volverían a la carga con

Rick tras los tambores. Una historia de fatalidad, amistad, compromiso y su-
peración personal como pocas veces se ha visto en el mundo del heavy metal.

Pero el destino les reservaba otra putada. A finales de la década el alcoho-
lismo de Steve Clark empeoró hasta el punto de pasarse la vida entrando y
saliendo de rehabilitación. Las sesiones de grabación para lo que finalmente
sería *Adrenalize* (1992) se estaban resintiendo y la banda decidió que el guitarrista se tomara un descanso de seis meses, del que ya no volvería. Una
mezcla de medicamentos y alcohol se lo llevó a la tumba el ocho de enero
de 1991 y con él, otro enorme talento que desaparecía demasiado pronto.

Rick Allen, el batería manco.

Hysteria, en boca de sus protagonistas

Auténtica fábrica de hit singles (siete nada menos) y paradigma del
perfeccionismo en estudio, el cuarto álbum de Def Leppard fue con-
cebido como una versión rock del *Thriller* de Michael Jackson. Una
máquina tecnológica y comercial perfecta los detalles de cuya eterna
gestación –y posterior gira– vale la pena conocer de boca de sus protagonistas. Más allá de la primera espantada del productor, el fiasco
de Jim Steinman como sustituto, la vuelta de Lange y demás, el queso
como siempre está en lo extramusical…

Joe Elliott: durante como mínimo el primer mes en Irlanda, no escri-
bimos mucho; bebimos mucho, eso sí.

Rick Allen: Joe tenía un coche llamado *Dirk* y Steve y Phil condujeron hasta la ciudad. Por supuesto terminaron en el pub. Cuando despertaron a la mañana siguiente, Phil sintió un peso en la muñeca; había comprado un reloj realmente caro.

Phil Collen: Steve y yo no recordábamos nada. Compré un Rolex, Steve un Cartier y a ambos nos perforaron las orejas, lo cual tampoco sabíamos hasta que me miré en el espejo porque me dolía la oreja.

Ross Halfin, fotógrafo: les habían dado tarjetas de oro de American Express; nunca antes habían tenido tarjetas de crédito porque no tenían dinero real.

Elliott: Rick tenía el cuarto de abajo y nunca salía de él. Todo lo que podíamos hacer era oler la hierba que se filtraba por debajo de su puerta mientras escuchaba «Rebel Yell» de Billy Idol cada día, todo el día.

Collen: La compañía discográfica era propietaria de un estudio en Hilversum, en las afueras de Amsterdam. El problema era que estábamos gastando demasiado dinero, así que terminamos yendo y viniendo a un pequeño estudio en Dublín. Estábamos tratando de ser conscientes del presupuesto porque se nos estaba yendo de las manos. Hacia el final el sello nos decía: «¿Dónde está ese disco? Habíamos contraído una deuda espantosa, cuatro millones y medio de dólares, que si ya es una suma enorme ahora, entonces era una cantidad ridícula para gastar en un álbum».

Rick Savage: Me estaba preparando para ir a una fiesta de disfraces en la víspera de Año Nuevo. El teléfono sonó y era Peter Mensch. No es un tipo que se ande por las ramas, así que me dijo: «¿Cómo estás? Rick Allen acaba de tener un accidente de coche y ha perdido el brazo». Ni «tengo una mala noticia» ni nada parecido.

Elliott: «En el estudio, Mutt era el rey del «hazlo otra vez». Solíamos decirle: «Suenas como el traqueteo de un tren: 'hazlo de nuevo, hazlo de nuevo, hazlo de nuevo'(silbato)' Porque quería lo mejor de nosotros. (…) Cuando eres fan de los New York Dolls, es muy difícil de explicar eso de «a mí me suena bien». Pero él decía: Tú no eres David Johansen'. Johansen cantando «Love Bites» hubiera sido una puta ida de la olla».

Elliott: Solíamos ver fútbol todo el rato, en el estudio. Al menos tres meses de grabación de *Hysteria* los pasamos viendo fútbol. Mutt decía: «Están dando un partido» y nos íbamos a verlo, bebíamos café y esas cosas o parábamos y nos poníamos a jugar al futbolín.

Collen: Las *strippers* de Florida no paraban de pedir «Pour Some Sugar on Me» en las emisoras locales y eso es lo que realmente hizo despegar esa canción. Luego se lanzó como single y fue como «¡Bang! ¡Allá vamos!». El álbum subió hasta el número uno y volvimos a ser enormes. Creo que solo he estado en tres clubes de striptease en mi vida, dejándome arrastrar porque no es lo mío, pero creo que siempre la he oído. Es una canción muy popular.

Jim Urie, vicepresidente de PolyGram: Hacían que los *roadies* eligieran a chicas del público, las llevaban bajo el escenario y les pedían que se quitaran la camiseta y luego los pantalones. A las que decían que no, se les mostraba la salida y las que se desnudaban, obtenían pases para el *after party*.

Halfin: No eran como Mötley Crüe, quienes –creedme–, eran mucho peor. Era más como tetas, tetas y más tetas. Mirándolo según los estándares de hoy, era incluso un poco inocentón. Lo único que me parecía realmente extraño era cómo muchas madres estaban dispuestas a desnudarse bajo el escenario con sus hijas. El técnico de guitarra siempre salía en los bises con uno de los vestidos de alguna madre: se ponía el vestido y sacaba la guitarra. Se convirtió en un elemento básico de los bises.

Halfin: Joe y Rick Allen nunca estuvieron involucrados porque estaban solos en el escenario haciendo «Rock of Ages», que duraba 20 minutos.

Allen: Ese tipo de cosas me avergüenzan en cierto modo, así que me alegro de no haber formado parte de ello. Había algo de desnudez, pero todo era bastante festivo. Mirabas hacia abajo, debajo del escenario y decías: «ok, ahí lo tienes».

Aprendiendo idiomas: Gunter Glieben... etcétera

Si alguna vez se han preguntado ustedes qué quiere decir Gunter Glieben Glauchen Globen, las cuatro palabras pronunciadas al inicio de «Rock of Ages», la respuesta es que no significan absolutamente nada. Una pura jerigonza que suena a alemán dicha durante las grabaciones por Mutt Lange, su productor, en lugar del clásico «uno, dos, tres, cuatro».

La banda ha declarado en ocasiones –en plan de coña, obviamente– que las palabrejas significan: «corriendo silenciosamente por el bosque». Quince años más tarde The Offspring lanzarían un guiño al tema usando las mismas palabras como intro de su *hit* «Pretty Fly (For A White Guy)».

—Rick Allen ha aparecido en más de una ocasión vistiendo unos boxers con los colores de la bandera británica. Ya en 1983 se le vio luciéndolos en una actuación en el programa American Bandstand; y por lo que parece, recibió ciertas críticas de nada menos que la Reina Isabel II, molesta por ver su Union Jack tapando el culo de un heavy.

Después de que Leppard actuaran en 2002 durante las celebraciones del Golden Jubilee, a Joe le preguntaron si la Reina había dicho algo al respecto: «Tocamos en Leeds, ella estaba allí con su marido y tuvimos que ponernos en fila, dar la mano y todo eso. Pero no escuché que dijera nada parecido a 'quítate esos calzoncillos'». Lástima, hubiera sido un gran momento».

—Si de alguna banda uno no esperaría mensajes satánicos ocultos en las canciones es de Def Leppard, desde luego. Pero durante bastante tiempo circuló la leyenda de que en los segundos finales de «Love Bites» se escuchan las palabras «Jesus of Nazareth, go to hell». ¿Recogían los de Sheffield el testigo de Sabbath? ¿Tras toda esa inocente fachada había unos pérfidos adoradores de Lucifer?

Evidentemente no, y la propia banda refutó la disparatada teoría en el documental sobre *Hysteria*. Lo que se escucha en realidad en la última frase de la canción es «yes, it does, bloody hell» musitado con un horrendo acento de Yorkshire por Mutt Lange a través de un vocoder.

—En 1994 el bajista de la banda, Rick Savage, contrajo la llamada parálisis de Bell, un trastorno del nervio que controla el movimiento de los músculos de la cara. Por suerte pudo recuperarse en buena medida pero los efectos de la dolencia siguen visibles en ocasiones, especialmente cuando está cansado. Al ser preguntado al respecto en una entrevista sobre los rumores y las habladurías, así como sobre cómo sobrellevaba un sex symbol del heavy aquel percance respondió que «era más el no poder comer correctamente o no poder dormir sin ponerte un parche porque tu ojo no se cerraba, cosas así. El efecto que tiene en la vida cotidiana fue lo más difícil». Una respuesta tan educada como sensata. Que no siente precedente, por favor…

—Aunque «Pour Some Sugar On Me» tardó casi un año en triunfar como single, cuando lo hizo fue un bombazo. El tardío éxito del tema trajo aparejado un incremento en las ventas de discos y entradas, así como la costumbre del público de lanzarle a la banda en escena… ¡paquetes de azúcar! «Era como tratar de evitar la metralla, en cierto modo era cómico» recuerda Elliott.

Preguntado sobre si alguna vez él había vertido azúcar sobre alguien (guiño, guiño) el cantante recordó que una vez hicieron un concurso en el *backstage* para verter medio kilo de azúcar sobre la cabeza de una chica previamente empapada de agua caliente. «Ella pareció disfrutarlo, por lo que puedo recordar. Ya sabes, el azúcar es mejor que el carbón» declaró entre risas.

X. MASCOTAS

Sin un bicho no eres nadie

Un logo, una imagen, una ilustración que se asocie a tu banda de forma visual e inmediata es algo que ha existido en el mundo del rock casi desde su inicio. Desde la famosa lengua de los Stones, pasando por el regio escudo de Queen, el Ícaro de Led Zeppelin o la manzana de los Beatles han sido docenas los artistas que han querido identificar su grupo con algún tipo de elemento de diseño sencillo y reconocible.

Como con casi todo, el mundo del heavy metal dio varios pasos adelante partiendo de ese concepto, creando la figura de la «mascota». Esto es un bicho antropomórfico de aspecto obligatoriamente amenazador, más feo que Picio y que quedara de puta madre ya fuera en la portada de los discos, en las camisetas o el merchandising en general, hasta llegar en algunos casos a aparecer en escena junto a la banda en modo disfraz, maqueta o muñeco articulado de distintos tamaños y materiales.

Hay docenas de mascotas en el mundo del metal, pero siguiendo con el espíritu didáctico que nos distingue hemos efectuado una selección de las más significativas para que la próxima vez que un conocido poco instruido en la materia se refiera a una de ellas con el consabido «el bicho ese», sepan ustedes no solo darle el nombre correcto de la misma, sino también una pequeña clase magistral al respecto.

Eddie

La mascota más famosa del heavy metal fue, originalmente, una máscara de papel maché confeccionada por un estudiante de arte amigo de Dave Beasley, técnico de luces en los primeros tiempos de Iron Maiden. Colgada en la parte trasera del escenario junto al logo del grupo, la carota «vomitaba sangre» al término de cada show, poniendo perdido al entonces batería Doug Sampson.

Tras conseguir un contrato con EMI, el mánager de la banda Rod Smallwood creyó buena idea pasarla a dos dimensiones y convertirla en protagonista de sus portadas. El artista elegido para la tarea fue Derek Riggs, que se encargaría de la misma –y sus múltiples encarnaciones– hasta 1992, con el álbum *Fear of The Dark*. Apenas una sombría amenaza en la portada de «Running Free», single debut de los británicos en febrero de 1980, pronto se mostraría a cara descubierta en el elepé homónimo editado dos meses después. Y de ahí en adelante, al estrellato.

Auténtico Mortadelo del metal, Eddie se pondría en la piel de incontables personajes a lo largo de los años: psicópata asesino, piloto, cazarecompensas, faraón, cyborg, lunático en camisa de fuerza e incluso como soldado de la Brigada Ligera ondeando una Union Jack hecha jirones en el single de «The Trooper», tal vez su imagen más icónica. Y de las portadas no tardaría en dar el salto al merchandising siendo imagen y distintivo de la banda en cien mil millones de productos, millón arriba millón abajo.

Snaggletooth

Snaggletooth (también conocido como War–Pig, The Iron Boar, The Little Bastard o The Bastard a secas) es la mascota oficial de Motörhead. El simpático engendro fue creado por Joe Petagno, artista yanqui que ya había trabajado en el conocido estudio Hipgnosis, y por el diseñador británico Philip Lloyd–Smee quien lo pasó a negativo e hizo las letras para completar el logo.

En una entrevista publicada en la página oficial del grupo en 2007 Petagno explicaba que «investigué mucho sobre distintos tipos de cráneos y descubrí que un cruce de razas gorila–lobo–perro funcionaría bien añadiéndole unos cuernos de jabalí de gran tamaño. Lemmy le agregó el casco, las cadenas y las púas».

Desde su aparición en el álbum de debut homónimo en 1977 Snaggle-tooth iría apareciendo y desapareciendo –con notables variaciones en el diseño– de las portadas de Motörhead a lo largo de su carrera, protagonizando algunas de las más icónicas.

Vic Rattlehead

Creada por el propio Dave Mustaine, Vic Rattlehead es una calavera con las cuencas cubiertas por un antifaz metálico remachado, la boca sellada por ganchos y los oídos taponados con casquillos de los que cuelgan cadenas. Un encantador peluche que según el líder de Megadeth representa su sentir sobre sobre la represión religiosa y la libertad de expresión, encarnación bastante gráfica de la censura cuyo «nacimiento» se narra en el tema «Skull Beneath the Skin» de su debut *Killing Is My Business... and Business Is Good!* (1985).

Vic aparecería en la portada de sus cuatro primeros discos de estudio (en el primero de ellos en versión del sello tras perder el dibujo original de Dave), desapareciendo durante los noventa para volver con el nuevo milenio, al tiempo que se afianzaba como gimmick escénico, paseándose entre la banda durante las actuaciones, y como *leit motiv* principal en buena parte de su merchandising genérico.

Chaly

Una calavera con cuernos y alas de murciélago. Tan sencilla y a la vez tan eficaz es la mascota de Overkill, Chaly para los amigos. No hizo su aparición hasta *Under the Influence* (1988), tercer álbum de los de Nueva Jersey, pero desde aquel momento quedó fija tanto para la mayoría de sus portadas, como en la parafernalia de la banda.

Y aunque es innegable que muchas mascotas en el heavy metal tienen un aire así como de familia, Chaly tal vez sea la que ha sufrido el más descarado caso de plagio, por parte de Avenged Sevenfold concretamente. Y es que Deathbat, su logo, es clavadito a Chaly solo que sin cornamenta. Cuando A7X empezaron a ser conocidos, los muchachos de Overkill hicieron estampar unas camisetas con Chaly y la frase (en inglés obviamente) «este es nuestro»…seguida en la espalda de «¡conseguíos vuestro propio puto logo!» Y es que con las mascotas no se juega.

Hector

Creado en 1997 por Andreas Marschall para *Glory to the Brave*, el álbum debut de HammerFall, Hector se ha mantenido fiel a la banda durante toda su discografía, con la única excepción de *Infected* (2011). Mezcla de cruzado templario y samurái, esgrimiendo siempre su inseparable martillo, la mascota de HammerFall se nos ha representado amenazante en su debut, sentada en un trono en *Legacy of Kings* (1998), sobre un corcel rampante en *Renegade* (2000) o incluso congelada y rodeada de lobos en *Chapter V: Unbent, Unbowed, Unbroken* (2005). Pero siempre épica, dispuesta al combate y a partirle el cráneo a cualquier indie listillo que ose mofarse de su armadura.

Un indisimulado homenaje, en suma, al género de espada y brujería, tanto como lo es el inconfundible power metal de la banda sueca.

Fangface

Presente en la portada de los dos primeros lanzamientos de Helloween e incorporada por Kai Hansen a los discos de Gamma Ray desde mediados de los noventa, Fangface no fue una mascota –como la mayoría– diseñada a tal efecto, sino que ya existía previamente…y en formato físico: una máscara de Halloween creada por Zagone Studios en 1977 que resultó todo un superventas en su época.

Fue Piet Sielck, compañero de Hansen en la banda Gentry quien la trajo a Alemania desde Estados Unidos, pasando en 1985 a ilustrar el clásico EP homónimo de Helloween y su primer elepé *Walls Of Jericho*, de la mano del dibujante Uwe Karczewski. Por cierto, más de un fan atento ha encontrado ciertas similitudes entre Fangface y el Eddie de Maiden… y no seremos nosotros quien las neguemos.

Violent Mind

La mascota de Kreator, uno de los cuatro grandes del thrash metal alemán
junto con Tankard, Destruction y Sodom, apareció por primera vez en su
segundo disco *Pleasure To Kill* (1986).
Y lo hizo de los pinceles de Philip
Lawvere, artista indisolublemente
unido al thrash germano de los años
ochenta (suyas son no pocas portadas
de grupos como Vendetta, Deathrow,
Warrant...).

Pleasure To Kill mostraba un dibujo
realizado con anterioridad por Lawvere, que gustó a los responsables del sello. A partir de entonces ese demonio
de cuerpo entero evolucionaría hasta
convertirse en un cráneo con los ojos cosidos y la frente tallada –cuando no
abierta en canal– apareciendo alternativamente en otros discos de la banda
como *Coma of Souls* (1990), *Violent Revolution* (2001) o *Enemy of God* (2005).

The Guy

La mascota de Disturbed apareció en el interior de su disco de debut *The
Sickness* (2000) de forma embrionaria, apenas como una sombra fosfores-
cente que mostraba la clásica mueca maníaca por la que sería conocida más
adelante. Más desarrollada en la portada de su tercer disco *Ten Thousand Fists*
(2005) de la mano de Greg Capullo (sin comentarios) y Todd McFarlane,
The Guy alcanzaría la mayoría de edad en 2008 con *Indestructible*, dibujada
como una figura de cuerpo entero por David Finch, autor habitual en DC
y la Marvel.

Con los ojos como brasas y la sonrisa de demente congelada en un rostro
ensombrecido por una sempiterna capucha, The Guy ha pasado a formar
parte de Disturbed protagonizando más portadas, merchandising e incluso
ejerciendo de protagonista en videoclips de la banda.

Para la segunda parte (o tercera, no vayamos a pecar de humildes) de este libro nos reservamos el repaso a otras mascotas igualmente legendarias como Captain Adrian, Knarrenheinz, Mad Butcher, Korgull, Roy o Set Abominae entre otras. Y no, no se nos ha olvidado hablar de Murray, el amigo inseparable de Dio. Pásense cuando quieran por el capítulo dedicado a Ronnie, y allí lo encontrarán.

XI. SCORPIONS

El aguijón centroeuropeo

Colonia, Alemania, 1972. Una banda trabaja en el estudio grabando el que habrá de ser su debut discográfico a las órdenes de Conny Plank, reputado productor responsable de algunos de los mejores momentos del krautrock (Neu!, Kraftwerk, Cluster…).

Pero de lo que se trata en un momento dado es de decidir si siguen con el nombre que había traído consigo Rudolf Schenker, fundador de la banda, o se buscaba algo más llamativo. «¿Qué me decís de Stalingrad?», propone Plank. La banda da un respingo. Tal y como recordaba años después Klaus Meine, vocalista del grupo: «¡quería que lleváramos uniformes militares para salir a escena! Creo que quería convertirnos en una versión primigenia de Rammstein, con un show muy teatral». Por suerte se impuso la cordura y Scorpions se mantuvieron fieles a su nombre original. Pasaron los primeros años y de una potente banda de hard rock, los germanos fueron evolucionando lentamente hasta acabar convirtiéndose en un referente del heavy metal primero a nivel europeo y más tarde, mundial.

No podrás volver a cantar

Salto temporal adelante. Estamos en la primavera de 1981. Tras *Lovedrive* (1979) y *Animal Magnetism* (1980) Scorpions están en curva ascendente. Todo parece ir viento en popa, la banda se encierra en un estudio de Saint Jacques, en la Riviera francesa, preparando su siguiente disco. Pero al poco de empezar las sesiones, surge un inesperado problema. Klaus empieza a experimentar ciertos problemas para llegar a los tonos altos. En principio se piensa que la gira que recién dejaban atrás le había pasado cierta factura, pero pronto el problema se agudiza. Al poco, no puede cantar y termina por no poder siquiera hablar. Para el vocalista de una banda de heavy metal, algo que va más allá de un mero contratiempo.

Una visita al médico, lejos de tranquilizarle, le hunde en la miseria. Se le diagnostican nódulos en la garganta que requieren extirpación inmediata. El veredicto, implacable: «no podrás volver a cantar». Operado de urgencia, volvió al estudio en apariencia recuperado pero otro nódulo, esta vez en las cuerdas vocales, le hizo volver al quirófano. Poniendo la banda por delante del interés personal habló con Rudolf para que buscaran un nuevo cantante, mientras él trataba de salvar su voz poniéndose en manos de especialistas austríacos.

Y aquí entra en escena un personaje inesperado: Don Dokken, al que la banda conocía por haber girado juntos. Cruzando los dedos para que Klaus se recuperara (Scorpions sin él era algo impensable), continuaron las sesiones de grabación con Don como nuevo cantante. Este dejó su impronta en numerosas pistas de voz y durante un cierto tiempo se lo tomó en consideración como sustituto, aunque final y felizmente Meine regresó curado al cien por cien, con lo cual Don Dokken perdió una de las grandes oportunidades de su vida: la de pasar de una buena banda –la suya propia–, con una notable carrera, a una banda de primerísima fila. Despedido amigablemente, las demos que había registrado quedaron en el limbo, pero se le acreditó en los coros de *Blackout* (1982) como agradecimiento por los servicios prestados.

El heavy no es violencia

«Un joven muere de un navajazo durante el concierto de los Scorpions.» Así, palabra por palabra, titulaba *El País* una noticia de portada en su edición del 6 de septiembre de 1986. El incidente tuvo lugar en el estadio del Rayo Vallecano, en Madrid; cuando todavía estaba actuando el Michael Schenker Group, telonero de la gira, una discusión a priori inofensiva fue subiendo de tono, hasta terminar con una pelea en la que alguien sacó una navaja y mató a Miguel Ángel Rojas del Castillo, un chaval de tan solo veinte años. Todo pasó tan rápido que el agresor y sus acompañantes pudieron escapar y los rumores y las falsas noticias se escamparon como la peste hasta que finalmente detuvieron al asesino: un militar estadounidense destinado a la base de Torrejón de Ardoz, finalmente condenado a quince años. Pero el mal ya estaba hecho, más cuando tres días antes del asesinato el concierto de Scorpions en el campo del Sant Andreu, en Bar

celona, había transcurrido entre disturbios y cargas policiales en el exterior.

La mala prensa se desató como un caballo desbocado. Aunque el género vivía un momento histórico a nivel nacional e internacional y el público era más que numeroso, el boicot en televisión y la negativa de los ayuntamientos a contratar a cualquier cosa que oliera a heavy no se hizo esperar. Hasta que salió a escena un personaje que sentaría las bases de un movimiento que a día de hoy todavía se recuerda bajo el famoso epígrafe de «El Heavy No Es Violencia».

Ese personaje era Pedro Bruque, un ex músico de progresivo pasado al heavy con bandas pioneras en nuestro país como EVO o Tigres de Metal (posteriormente Tigres a secas). Bruque decidió crear un colectivo que llamó COHE (Colectivo Heavy Nacional), iniciando una contracampaña para frenar el desprestigio rampante que sufría el heavy metal. Sin redes sociales ni mandangas de esas abrió un apartado de correos, quemó el teléfono a llamadas y con el apoyo de fanzines, radios y prensa especializada consiguió aglutinar a la plana mayor (y menor) del heavy nacional – Obús, Ángeles del Infierno, Muro, Zeus, Leize, Sangre Azul, Ñu, Fuck Off, Estirpe, Metralla y varios otros– para una serie de conciertos destinados a promover el lema de que el heavy no era sinónimo de bronca, el primero de los cuales se celebró el 4 de abril de 1987 en el barcelonés Velódromo de Horta.

Al año siguiente Pedro dejaría para la posteridad el lema del COHE en forma de canción, incluida en *En Mitad del Camino*, debut de su nueva banda Bruque. Y con ello, convertiría «El Heavy No Es Violencia» en uno de los himnos clásicos del heavy español.

«Still Loving You», afrodisíaco garantizado

Love at First Sting (1984), noveno trabajo de la banda, fue uno de sus discos más aclamados, aportando a su discografía un buen puñado de clásicos, empezando por el primer single —«Rock You Like a Hurricane»— editado un mes antes como adelanto del elepé. Pero si algo reventó a nivel mundial con este álbum fue esa particular concepción de la power ballad que titularon «Still Loving You», un tema compuesto años atrás por Schenker al que finalmente decidieron darle forma y salida.

No era la primera balada en su repertorio, ni sería la última, pero es sin duda la más conocida; una imbatible combinación de acústica sensibilidad y melodramático crescendo, la fórmula perfecta para que la pareja heavy se pusiera tontorrona con coartada. Porque —reconozcámoslo— hasta aquel momento, en la discografía de un fan del metal no había excesivos ejemplos de canciones que pinchar tras una cena romántica; no muchas, al menos, que movieran al coito de forma tan efectiva. Y buena muestra de ello la tenemos en Francia, donde la afición a retozar es prácticamente deporte nacional.

La canción había pegado fuerte en las listas de medio mundo, pero fue especialmente popular en el país vecino, donde subió directamente al número uno…y donde existen sospechas más que fundadas de que ayudó a subir el índice de natalidad de forma exponencial. Un rumor que llegó a oídos de la banda, pero que no terminaron de creerse hasta que les entrevistaron en un programa de la televisión francesa. Rudolf Schenker lo contaba así: «El presentador, un tipo muy famoso que nos entrevistaba cada año, nos dijo: 'eh, tíos, ¿sabéis que sois responsables del baby boom del 85?' ¡Nos pusimos a reír como locos! Y sí, había sido confirmado por un estudio gubernamental. ¡Es increíble, de veras!».

Una teta, un chicle y un dóberman

Uno de los aspectos más llamativos en la trayectoria de Scorpions siempre han sido las portadas de sus discos. Para todos aquellos que disfrutamos el envoltorio de aquello que escuchamos, su discografía es una auténtica mina. Dejando aparte la de *Virgin Killer* (1976), sobre la que nos explayamos en recuadro aparte, la primera etapa de la banda alterna espantos abisales –*Fly To The Rainbow* (1974)– con cierta controversia conceptual–los dos niños jugando con armas en un cementerio militar francés de *Taken By Force* (1977)– o imágenes tan icónicas como la del doble directo *Tokyo Tapes* (1978).

Pero sería a partir de 1979 con *Love-drive*, cuando encadenaron varios lanzamientos cuyo grafismo ha pasado a la historia del heavy. En la mencionada portada se ve a una mujer y un hombre sentados en el asiento trasero de un coche, ella con un pecho desnudo del que salen unas tiras de chicle hasta la mano de él. En la contraportada la misma pareja sostiene un retrato de la banda, ella ya con las tetas al aire y mucha alegría. Para tamaña broma –fotografiada, ojo al dato, en el interior de un Rolls Royce propiedad de Elton John– se hicieron con los servicios del mítico Storm Thorgerson, capo del no menos legendario colectivo de diseño gráfico Hipgnosis. Como no podía ser menos, los descendientes del *Mayflower* mostraron su descontento, obligando a que en Estados Unidos la reedición cambiara aquella horrible cochinada por un casto escorpión azul sobre fondo negro. En una entrevista para el portal Metal Exiles en 2010, Klaus Meine recordaba la polémica: «No imaginamos que sería un problema en Estados Unidos, tan solo se trababa de sexo y rock 'n' roll. Es extraño que aquí algunas de estas portadas fueran polémicas porque en los años ochenta, cuando veníamos de gira, siempre teníamos un montón de chicas frente al escenario enseñándonos las tetas. En ningún otro lugar del mundo, solo aquí».

Nada de tetas pues para el siguiente disco, *Animal Magnetism* (1980). Mucho mejor una mujer arrodillada frente a un hombre de espaldas, y a su lado un dóberman. En la contraportada, sorpresa. Sumisión y zoofilia implícitas en otra nueva muestra de excelente mal gusto, cortesía de nuevo de los maestros de Hipgnosis; y finalmente se superarían, si cabe, con *Blackout* (1982) y el autorretrato del artista –Gottfried Helnwein– berreando con tenedores clavados en los ojos; personaje por cierto que interpretaría Rudolf Schenker en el vídeo de «No One Like You», primer single extraído del álbum.

En resumen, una bonita colección de instantáneas de esas que hacían que tus padres, si les llegaban a poner el ojo encima, se preguntaran qué habían hecho mal contigo.

Rock'n'roll Star, el whisky sueco–alemán de las grandes ocasiones

«La banda alemana Scorpions se asocia con la destilería sueca Mackmyra para crear su primer whisky.» Reconozco que cuando leí el titular de la noticia, lo primero que me vino a la cabeza fue el patrocinador que nos inventamos hace años un colega y yo en un programa de radio local: O Forte das Bolas, el whisky portugués de las grandes ocasiones. Sin ser un experto ni mucho menos, los grandes nombres del malta escocés –Macallan, Glenffidich, Glenrothes, Talisker, Lagavulin– no me son desconocidos y me han  alegrado más de una y de dos sobremesas, pero lo de Mackmyra me sonaba, de entrada, a flamenco japonés. Informándome al respecto parece que, aunque por supuesto muy lejos todavía de los popes de las Tierras Altas, esta joven destilería inaugurada en 1999 se ha hecho un cierto nombre en el sector, gracias sobre todo a una materia prima excelente: agua cristalina de los glaciares y una cebada de primera.

Madurado en dos barricas diferentes –ex–bourbon y ex–jerez oloroso– pero con un acabado adicional en barricas alemanas de vino dulce de cereza, el Rock'n'roll Star Single Malt parece pues, si no un whisky para sibaritas, sí un producto lo suficientemente digno como para trascender de largo el mero artefacto de merchandising.

PORTADAS CON HISTORIA
SCORPIONS
Virgin Killer
(RCA, 1976)

La de los setenta puede que fuera una década bastante liberal en algunos aspectos, pero no lo suficiente como para que la foto frontal de una niña de diez años, desnuda y con los genitales cubiertos por un efecto que simulaba un cristal roto fuera a pasar completamente desapercibida. De hecho pronto se convirtió en una de las portadas más polémicas y censuradas de la historia del heavy metal. Tal vez no en Alemania (o en Japón, donde fue todo un éxito), pero sí en otros países, teniendo que venderse dentro de una bolsa negra para, en siguientes reediciones, ser sustituida por una foto del grupo.

La imagen fue diseñada por Steffan Böhle, product mánager en la división de RCA Records para Alemania Occidental y Michael von Gimbut el fotógrafo encargado. La pequeña modelo se dice que era hija o sobrina de Böhle y su supuesta postura «provocativa» ha sido desmentida en más de una ocasión por el propio fotógrafo. En una entrevista publicada en el blog Heresy Corner en 2008 declaraba que: «Durante la sesión nunca le dije a la niña qué hacer. Para lograr mi objetivo, la perfecta inocencia, lo inmaculado en la desnudez y la juventud, cualquier 'pose erótica' hubiera sido contraproducente. No veo nada erótico en la forma en que la niña mira directamente a los ojos del espectador. Pero, por supuesto, sé que hay personas que incluso piensan que las imágenes de coches o caballos son eróticas».

La banda se desvinculó de la idea original sin renegar de la misma. En palabras de Klaus Meine: «Hoy, pensando en la pornografía infantil en la red, nunca harías algo así. No lo hicimos en el sentido pornográfico, lo hicimos en el sentido artístico». Un arte con el que la compañía y ellos mismos buscaban llamar la atención y, de rebote, publicidad extra.

¿Hay para tanto? cabría preguntarse. Desde la óptica actual es complicado. Von Gimbut asegura que durante las sesiones estaban presentes su mujer, la madre y la hermana de la modelo y tres asistentes femeninas; y la niña, cuando el grupo la conoció quince años después, les aseguró que nunca tuvo ningún problema al respecto. Todo ello no impidió que en mayo de 2008 el site WorldNetDaily denunciara la imagen del disco alojada en la página de Wikipedia. El propio FBI tomó cartas en el asunto, pero la investigación acabó determinando que la fotografía no violaba ninguna ley.

ENSALADA ALEMANA

Puede que Scorpions sea la banda alemana que haya tenido más proyección internacional, pero del país han surgido no pocos nombres con peso propio en la historia del metal. Y, como siempre, todos tienen alguna que otra anécdota, por nimia que sea, para satisfacer nuestra sed de historietas.

Un logo que gotea sangre

Doro Pesch, la preciosa (platónico amor de adolescencia, lo reconozco) cantante de Warlock en los ochenta y líder de su propia banda, Doro, a partir de entonces, cuenta que de jovencillos eran tan heavies que escogían con qué sello publicar en base a motivos más estéticos que puramente comerciales. Con su debut *Burning the Witches* (1984) se encontraron un montón de ofertas de sellos independientes sobre la mesa, y decidieron escoger... al que tenía el logo más *cool*: «Éramos unos auténticos metalheads y pensamos que el logotipo de esa pequeña compañía belga, Mausoleum, era genial. La primera y la última 'm' goteaban sangre, y dijimos 'eso es impresionante, ¡esta gente entiende el metal!'».

Aquella alegre tonadilla nazi

Accept se metieron en un pequeño vergel cuando publicaron su cuarto ele-pé, *Restless and Wild* en 1982, y más concretamente con el primer single del disco, «Fast as a Shark». Como broma privada, decidieron usar una graba-ción de su productor Dieter Dierks cantando una canción tradicional alema-na llamada «Ein Heller und ein Batzen», para contrastar como introducción ligera y humorística con el pepinazo proto–speed que era el tema en sí. Lo que no sabían Accept es que la cancioncilla, una simple canción de taberna escrita por Albert von Schlippenbach en 1830, se convirtió en un cántico de desfile para las tropas de la Wehrmacht durante la Segunda Guerra Mundial. Una canción popular en la Alemania nazi sobre la que tuvieron que dar más de una y de dos explicaciones.

El triste final de Mr.Smile

Una de las figuras más injustamente olvidadas del heavy alemán es la de Ingo Schwichtenberg, batería de Helloween en su primera y más clásica época. Apodado Mr. Smile por sus compañeros debido a su talante risueño, Ingo sufría esquizofrenia. Cuando en 1993 se le instó a dejar la banda para cen-trarse en su tratamiento las cosas solo fueron a peor, y su adicción al alcohol y las drogas no ayudaron. En 1994, mientras estaba hospitalizado en una clínica de rehabilitación, su padre murió. La depresión arreció.

Finalmente el ocho de marzo de 1995 abandonó la clínica dejando una nota para su hermana: «Gracias por todo. Lo siento, pero no tengo forma de salir». Se acercó a la estación de Friedrichsberg en Hamburgo y se arrojó a las vías.

Helloween, con Ingo arriba a la izquierda.

Angelo Sasso era real

Running Wild, la banda corsaria del power metal alemán estrenó el milenio con dos discos –*Victory* (2000) y *The Brotherhood* (2002)– cuyo sonido de batería era, digamos, un tanto sospechoso. Tanto que empezó a circular el rumor de que Angelo Sasso, el batería acreditado, no era más que un programa de ordenador. La controversia se convirtió en una especie de chiste recurrente dentro de la escena, e incluso algunas bandas de segunda fila –Chalice of Blood, Kings of Völlige Durchness– atribuyeron su propio sonido de batería computerizado a Angelo Sasso.

Pero a Rolf Kasparek, alma mater del grupo, no le hizo tanta gracia: según declaró en varias entrevistas, Sasso era el pseudónimo de un músico amigo suyo que murió de un infarto en 2007, y no un maldito programa informático.

¿Te apetece un praliné?

Preguntado Till Lindemann en 2015 sobre cual había sido la proposición más loca que le había hecho una groupie, el cantante de Rammstein contestó que una vez una chica quiso cagarle en la barriga. El periodista de *Rolling Stone*, lógicamente intrigado, le preguntó cómo le había hecho exactamente la proposición. Lindemann contestó que «me ofreció un praliné, una de esas pequeñas piezas de chocolate que hacen en Francia, con trufas y esas cosas, ya sabes. Lo preparó con palabras más poéticas y románticas. No fue como: '¿Puedo cagarte en la frente?'. Lo dijo de manera muy educada: '¿puedo ofrecerte un praliné?'».

Till Lindemann, rechazando bombones.

XII. RONNIE JAMES DIO
Feo, bajito y genial

Elf, Rainbow, Black Sabbath, Dio y Heaven & Hell. Así, a bote pronto y para poner en el currículum, no está nada mal, ¿eh? Y es que el bueno de Ronald James Padavona es un icono del heavy metal tanto con su propio proyecto como al frente de bandas legendarias. Su pequeña y enjuta figura, su carisma y su inteligencia, su talento como compositor y por encima de todo su voz –potente, cálida, personalísima– son inseparables de la música del diablo.

La mano cornuda

Y ya que hablamos del diablo, entremos directamente en harina, porque más allá de su enorme aportación musical al heavy, Dio legó a las huestes metálicas un valor tan intangible como incalculable: la mano cornuda. Un gesto que evidentemente no nació por generación espontánea sino que proviene de una antigua superstición italiana que Ronnie conocía desde niño gracias a su abuela. Él mismo lo contaba así en 2001 durante una entrevista: «No es el signo del diablo, es un gesto italiano que heredé de mi abuela y que se denomina *malocchio*. Sirve para protegerse del mal de ojo o para provocarlo, dependiendo de cómo lo hagas. Tan solo es un símbolo, pero tenía ciertas connotaciones mágicas y tuve la sensación de que funcionaría bien con Sabbath». Y vaya si lo hizo. Dio sustituiría a Ozzy en 1979 y justo terminar la primera gira junto a Iommi y compañía el *maloik* (derivación del nombre original italiano) se había hecho tan popular entre las audiencias que, a partir de ese momento, se convirtió en habitual en los conciertos metálicos y en propiedad intelectual de los metalheads de todo el planeta. Pero aunque fuera mérito suyo el popularizarlo entre los fans del heavy metal, los «cuernos del

diablo» –tal y como él mismo reconocía sin ambages– no eran desconocidos en el mundo de la música antes de su llegada. En la contraportada de su debut *Witchcraft Destroys Minds & Reaps Souls* (1969) los americanos Coven (ver el capítulo de Black Sabbath) ya aparecen mostrando el símbolo con sus manos y su cantante Jinx Dawson abría y cerraba sus conciertos con idéntico gesto. Igualmente a principios de los setenta y conocido como *P–Funk sign*, era usado por George Clinton y Bootsy Collins como una especie de contraseña para The Mothership, elemento de referencia en la mitología de Parliament–Funkadelic. Y entre varios otros ejemplos lo encontramos en la mano de Gene Simmons en la portada de *Love Gun* (1977), de KISS, lo cual nos lleva a mencionar que Simmons –siempre tratando de sacar pasta de allí donde se pueda– trató de registrar la mano cornuda a su nombre. Como lo oyen. En 2017 el viejo cabrón presentó una solicitud en la Oficina de Patentes y Marcas aduciendo que el primero en usar el gesto –en un sentido comercial– había sido él, en 1974. No lo debió ver muy claro porque cinco días después retiraba la demanda, pero tampoco debería extrañarnos mucho que intentara una locura tal alguien que poco después declararía que, si pudiera, patentaría el aire que respiramos. ¡Claro que sí Gene, danos caña!

(Yo fui un) Teddy Boy

Dejemos empero a The Demon a un lado y volvamos al joven Padavona para desmentir en primer lugar esa leyenda urbana según la cual escogió su nombre artístico debido a que su abuela (una mina de anécdotas, esta mujer) le dijo que su voz era un don de Dios, siendo Dio la palabra equivalente en italiano. Falso. Ronnie James escogió su nuevo apellido, que convertiría en marca de fábrica, en referencia a Giovanni Ignazio Dioguardi, más conocido como Johnny Dio, un histórico mafioso neoyorkino. Pero no lo usaría hasta 1960, lo cual nos lleva a unos años antes –a 1957, todavía en el instituto– para descubrir a nuestro hombre dando sus primeros pasos como trompetista, bajista y eventualmente cantante en un primer grupo llamado The Vegas Kings que, por supuesto y como mandaban los cánones de la época, se explayaba en un primigenio rock'n'roll teñido de doo wop, soul, R&B y toques pop a lo Phil Spector. Así es, damas y caballeros, hasta el más curtido dios del metal tiene un pasado y en el caso que nos ocupa basta hurgar un poco para descubrir testimonio gráfico del autor de «The Last In Line» trajeado, encorbatado y luciendo un caracoleante tupé goteando brillantina. Sin desperdicio, se lo aseguro. A medida que su figura iba cobrando más protagonismo el nombre de la banda cambiaría primero a Ronnie and The Rumblers y más tarde a Ronnie and The Red Caps para, en 1961, convertirse finalmente en Ronnie Dio And The Prophets. Con ellos grabaría un elepé en directo *Dio At Domino's* (1963) y varios singles hasta 1967, año en que añaden un teclista y vuelven a cambiarse el nombre a The Electric Elves (más tarde The Elves y finalmente Elf). Pero entramos en cronología y no estamos aquí para ello, así que volvamos al anecdotario puro y duro.

Cualquier tiempo pasado...

El aspecto más curioso en el anecdotario de Dio es que puede elaborarse basándose más en las tropelías que nunca llevó a cabo (o desmintiendo algunas de las que se le atribuyen) que no echando mano del manual del desfase tan caro a muchas de nuestras estrellas favoritas. En primer lugar porque, a pesar de las acusaciones de los meapilas de turno –obtusamente alertados por esa mano cornuda que hemos comentado, o por cierta imaginería en sus letras y portadas–, Ronnie jamás tuvo nada que ver con el ocultismo ni con Satán. Pese a haber crecido en un ambiente y con una educación católica, no era creyente, pero tenía un juicio abierto sobre las religiones y la moral.

En segundo lugar, porque nunca se metió en el siempre complicado mundo de las drogas y, en consecuencia, su biografía carece de los escándalos, desastres y barbaridades normalmente asociadas al consumo. Pese a vivir la época dorada de los estupefacientes en el rock business, optó desde un principio por alejarse de ellas al ser más que consciente de sus peligros y al respecto reconoció que «fui criado por unos padres cuyo respeto nunca quise perder, y abusar de mí mismo no era ciertamente el modo de conseguir ese respeto». Unas declaraciones muy similares a las esgrimidas habitualmente por –de nuevo– Gene Simmons para justificar su abstemia y su desprecio por las drogas, con la diferencia de que Dio nunca fue un gilipollas. Puede que de esa renuncia consciente a la parte más tóxica del heavy metal derivara su afición al deporte, no tanto como practicante como espectador. Fan de los New York Giants, tenía por costumbre sentarse a escribir sus textos y canciones mientras disfrutaba de un buen partido por televisión.

Antes hablábamos de su educación católica, algo que siendo americano de ascendencia italiana viene ya de serie como quien dice, pero lo que muchos fans tal vez no sepan es que una de las mayores influencias en su abrumadora técnica vocal –para la cual por cierto, y esto sí es sorprendente, jamás recibió clase alguna– fue el famoso tenor Mario Lanza: «Mientras crecía escuché mucha ópera y Mario Lanza me influyó. No podía creer cuan increíble era su voz. Quise usar ese aspecto de la vocalización en el contexto del rock and roll. Supongo que esa es la conexión que la gente ve entre mi estilo operístico y la música lo más heavy posible», explicaba nuestro hombre en una entrevista para *USA Today*.

Ópera, deportes, contrario a las drogas... aspectos distintivos de una personalidad cuyo rasgo más acusado tal vez fuera su pasión por épocas pasadas, en especial la Edad Media. Una pasión que trasladó no solo a su arte –en letras y estética– sino a su vida personal; basta con echar un vistazo al capítulo de *Behind Closed Doors* que le dedicó el vídeo magazine Hard'n'Heavy, en el que nos invita a ver su casa por dentro, para corroborarlo: blasones, muebles que se remontan, algunos, al siglo XV (ese arcón fechado en 1495 que muestra con indisimulado orgullo), una biblioteca que parece sacada de una antigua mansión dieciochesca –con una Biblia antigua en exposición, chupaos esa mojigatos–, una sala de billar o un comedor deliciosamente anticuados...una vivienda, en definitiva, fiel reflejo de un carácter único. Tan único y anclado en el pasado que hasta cuando nos dice que la comida india es su favorita, se afana en añadir: «el curry del antiguo imperio británico».

Por todo ello no debería sorprendernos que Wendy, su mujer, comentara en 2010 en el programa VH1 Classic Rock Nights que todo lo que Ronnie escribía, letras o cualquier otra cosa, lo escribía a mano. En lo que sin duda fue toda una declaración de intenciones, no tocó un ordenador ni un tratamiento de textos en su vida; le pasaba sus manuscritos a su mujer, y esta a su asistente, que se encargaba de transcribirlo.

Más majo que las pesetas

Pero si algo dejó atrás Ronnie más allá de una inmensa herencia lírica y musical, fue el haber sido uno de los tipos más majos del negocio. Era algo que uno podía percibir siempre que leía o veía una entrevista con él; que detrás de esa imagen un tanto oscura y tenebrosa que usaba en escena, había un carácter humilde y bondadoso. Una sensación corroborada por docenas de colegas tanto en vida como tras su triste muerte por cáncer de estómago en 2010. Para no saturar el capítulo, quedémonos con lo que dijo de él a MTV Scott Ian, el guitarra de Anthrax: «Ronnie era el hombre más agradable del metal. Todos los días durante la gira tenía una palabra amable, una sonrisa y una palmada en la espalda. Me siento honrado y privilegiado por simplemente haber dado la mano a Ronnie, no digamos ya por poder decir que éramos amigos».

Recordado con admiración y cariño, Ronnie es de los pocos artistas en el heavy metal cuyo nombre ha pasado al nomenclátor de una ciudad. En concreto, en la localidad de Cortland –estado de Nueva York– donde nuestro pequeño gran héroe pasó buena parte de su infancia y primera juventud, se renombró una calle que pasó a denominarse Dio Way. Y para todos aquellos trotamundos de entre ustedes que suelan alejarse del circuito turístico habitual en sus viajes, y busquen esa placa, esa casa o esa tumba relacionada de un modo u otro con el heavy metal, apunten el Rock Alley de Kavarna, en Bulgaria. Allí, en el parque central de la ciudad, se erigió en 2010 una estatua de bronce que representa a Dio; de unos dos metros de altura y doscientos cincuenta kilos, la efigie de Ronnie –financiada con donaciones privadas– comparte espacio con

otra del mítico Georgi Minchev, pionero del rock búlgaro. Así que ya saben, si se dan un garbeo por el Mar Negro, no olviden acercarse a Kavarna y presentar sus respetos.

PORTADAS CON HISTORIA

DIO

Holy Diver

(1983, Vertigo / Mercury)

Recién salido de las filas de Black Sabbath, Ronnie James Dio se enfrentaba a un nuevo reto al frente de su propia banda, reto del que saldría victorioso con un debut espectacular, un clásico instantáneo del heavy metal. Ronnie sabía que había parido una gema y pretendía ofrecerla al público en un envoltorio acorde, nada de una foto suya o de la banda, recurso demasiado manido. Y quien le dio la primera idea para la ilustración que debía aparecer en portada fue su mujer, Wendy Gaxiola. Ella es la responsable de un concepto que luego desarrollarían entre ambos y que, dicho sea de paso, no estaban seguros de cómo iba a ser recibido.

Una criatura monstruosa ahogando a un sacerdote… mmm, en 1983 algo así todavía podía incomodar a mucha gente, incluyendo a los mandamases de la compañía de discos. Pero Dio se las arregló para revertir la cuestión: «queríamos poder decir: '¿Cómo sabéis que no es un sacerdote ahogando a un monstruo?' Y creo que eso se ha comprobado en los últimos años con todos los problemas que hemos tenido dentro de la Iglesia Católica. En retrospectiva, me gusta pensar que acertamos acerca de a quién pusimos en el agua».

El diseño original no obstante, obra de Gene Hunter, mostraba al clérigo sumergido y encadenado cabeza abajo a una cruz. Dio y Wendy pensaron que aquello quizás sí era demasiado y descartaron la cruz pero mantuvieron el esquema principal y pasaron la pelota a Randy Berrett, que fue quien le dio la forma final que todos conocemos.

Holy Diver presentó además en sociedad a Murralsee –Murray para los amigos–, la criatura musculada y demoníaca que de ahí en adelante haría las veces de mascota para Dio y cuya historia (ejem) real fue revelada en 1987 en el *tour book* de la gira de *Dream Evil* (1987). Nunca mostrado de cintura para abajo (vayan ustedes a saber por qué), Murray protagonizaría varias portadas más y entraría a formar parte ineludible del merchandising de la banda, siempre con cara de pocos amigos y las manos permanentemente cornudas.

Para completar tan histórica carátula, la aparición también por primera vez del logo de Dio no tardó en captar la atención de los fans más detallistas. Y es que tan solo con girar la carpeta del vinilo, el diseño de las letras permite leer claramente las palabras Die o Devil, dependiendo del humor que estés ese día.

Dios existe, y escucha a Stryper

Si nuestro querido Dio fue tomado repetidamente por las huestes censoras cristianas como ejemplo de íncubo perverso, adorador de Satanás y más cosas feas, en el otro extremo de la ecuación podemos encontrar a la más famosa banda cristiana del género, los sin par Stryper. El fenómeno del rock cristiano no lo inventaron ellos desde luego, pero sí son los responsables de haberlo popularizado dentro del oscuro mundo del heavy metal, llevando la esperanza y la salvación a millares de metalheads a través de discos tan gloriosos –y no va con segundas– como *Soldiers Under Command* (1985) o *To Hell with the Devil* (1986). Este último, certificado platino nada menos, tuvo su propio encontronazo con la censura; la portada original mostraba a la banda como ángeles arrojando a Satanás de vuelta al Averno pero ¡ah!, el dibujito les pareció ofensivo a muchas tiendas cristianas, que se negaron a venderlo, por lo que hubo que reeeditarlo con el logotipo y el título de la banda sobre una portada de color negro. Para que vean ustedes que ni siquiera una banda que loa al Señor por sistema está a salvo de los fanáticos de siempre.

Y si no son los fanáticos, son los tocapelotas. El diseño del álbum para *In God We Trust* (1988), que mostraba el logotipo del grupo sobre un billete de dólar, también tuvo que ser modificado debido a las objeciones de la Fábrica de Moneda de Estados Unidos. Al parecer es ilegal reproducir exactamente la moneda estadounidense, por lo que para evitar un cargo por falsificación (¡!), se cambió el color para que pareciera menos real.

Conocidos por su indumentaria roja y amarilla –escogida con la intención de parecerse a las señales de tráfico americanas que indican precaución, como una advertencia contra los males del mundo– Stryper son famosos asimismo por trucos escénicos tan peculiares como el lanzamiento de Biblias (el Nuevo Testamento básicamente, que abulta y pesa menos) desde el escenario, con la intención de convertir almas paganas entre la audiencia, o por leyendas urbanas tan imposibles como aquella que en los ochenta afirmaba que estaban planeando una gira conjunta nada menos que con Slayer, que habría de llamarse *The Heaven and Hell Tour*. Finalmente ambas bandas desmintieron los rumores, diciendo que se trataba solo de una idea divertida. Kerry King de Slayer, preguntado en cierta ocasión al respecto, dijo «¿estás de coña? ¡nuestros fans los matarían!»

Pero por mucho cachondeo que puedan despertar entre parte del público metálico, lo cierto es que su carrera musical se ha ganado el respeto de mucha gente, como cuando en 2010 se convirtieron en la primera banda de metal cristiana en tocar en Indonesia, un país mayoritariamente musulmán, en el festival anual Java Rockin 'Land.

Así que menos risas y más rezar a Stryper, que la mayoría tenéis el alma más sucia que la bombilla de una cuadra.

XIII. THRASH METAL
El hermanito hiperactivo

Decía Andrew O'Neill en su jocosa *Historia del Heavy Metal* (2018) que el thrash venía a ser el hermano pequeño adolescente e hiperactivo del heavy metal tras meterse una sobredosis de azúcar en forma de refrescos y caramelos. No es mala definición, la verdad. Frente a la deriva que a principios de los ochenta estaba tomando el heavy en Estados Unidos, una nueva hornada de criajos amamantados a medias por el hardcore y la NWOBHM aceleraron los tempos y abusaron del palm mute para crear un nuevo estilo feroz y agresivo pero a la vez tremendamente técnico. Testament, Sodom, Destruction, Overkill, Exodus, Tankard, Whiplash, Kreator, Nuclear Assault… nombres que ayudaron a forjar un género en el cual, no obstante, cuatro nombres destacan por encima del resto. De ellos y sus circunstancias van las siguientes páginas.

METALLICA

Metallica son un coloso, tal vez la única banda de heavy metal que puede compararse, a nivel mediático, con nombres como U2, Michael Jackson y demás fenómenos de masas. Niña de los ojos de los metalheads adolescentes en los ochenta, garantes de las esencias de un género que ellos mismos ayudaron a crear, el bombazo que supuso el *black album* en 1991 les sacó del circuito de la tachuela para ponerles en boca de todo el mundo. Y vender lo que no está escrito, claro.

Por desgracia tras *Load* (1996) y *ReLoad* (1997) su carrera a nivel discográfico entró en los dos miles en una deriva de la que todavía no se han recuperado. Poca producción, mediocre en el mejor de los casos, y una actitud dispersa y errática, plasmada en ese monumento a la miseria que es el –imprescindible– documental *Some Kind of Monster* (2004). Una leyenda en activo, en cualquier caso, que nos ha dejado momentos memorables.

Felaciones sonrientes

Hubo un tiempo, hoy lejano, en que Metallica no parecían jubilados de Florida recién salidos de pulverizar la visa en alguna tienda de Louis Vuitton. Allá por los ochenta Hettfield y compañía eran apenas unos mozalbetes granujas de lacia melena surfeando la ola de la fama y, por ende, disfrutando de los excesos que esta siempre ha comportado en el indulgente mundo del heavy metal. Poco aficionados a las drogas duras, eran conocidos eso sí por pegarle al alpiste como si no hubiera mañana y, aunque la escena thrash que ayudaron a crear no era ni mucho menos tan hedonista como la del sleaze angelino, *groupies* y sexo chungo estaban también a la orden del día en las giras.

Y para esas ocasiones en que faltaba tiempo para un polvo más o menos duradero, el entorno de la banda ideó un simpático sistema para identificar y dar acceso a las chicas dispuestas a practicar una rápida y eficiente felación a los muchachos. Según contaba Thomas «Root Cheese« Bright, *roadie* del grupo en aquellos tiempos en una entrevista con Paul Vee para motelsign. com: «Teníamos estos pases sonrientes. Eran pases de *backstage* que tenían una carita con una sonrisa. Cuando una chica llevaba uno de esos quería decir que la chupaba. Eso es lo que significaba oficialmente. Para cada show teníamos pequeños pases laminados que entregábamos a la prensa, a gente de la ciudad, invitados de la banda, al equipo y a la gente de la compañía de discos. Y luego, específicamente, teníamos esos pases de color rosa que tenían una cara sonriente impresa. Esos eran para las chicas dispuestas a chupar pollas. El mánager de producción y el de la gira estaban a cargo de la caja

que contenía estos pases y yo tenía una llave de esa caja, así que ya sabes, tomé parte en esto».

No es de extrañar que Thomas acabara con el apodo de «the fisherman», dedicándose a la pesca de secano con tanta devoción, ni que sus servicios fueran agradecidos –aunque no explícitamente– en el interior de varios discos de la banda.

El asesino de Corpus Christi

El cuatro de junio de 1986 Metallica, en gira como teloneros de Ozzy Osbourne, recalaron en la ciudad de Corpus Christi, Texas, para verse asediados por una nube de periodistas que distaban bastante de la habitual prensa especializada. «Nos despertó una llamada de nuestro mánager –recordaba Lars– para advertirnos de que se había montado una movida bastante seria. Nos dijeron que en una cadena local estaban montando mucho follón porque al parecer un chaval se había tomado un ácido y luego había empezado a matar gente con sus colegas. Y que lo único que recordaba un testigo era que, cuando le disparó a alguien a quemarropa, citó una de nuestras letras, la de 'No Remorse'».

Una versión un tanto parcial la del batería. Lo que había ocurrido es que dos años antes, el 12 de agosto de 1984, un criajo de dieciocho años – Troy Albert Kunkle– su novia y dos amigos habían viajado desde San Antonio hasta Corpus Chisti, a la que llegaron finos de birras y LSD. Con un revólver en la guantera y ganas de acción, se dedicaron a buscar una víctima a la que robar. Tras descartar varios viandantes, vieron a un hombre – Stephen Wayne Horton– caminando por una carretera, y le convencieron de que subiera al coche para acercarle a su destino. Una vez dentro le apuntaron con el arma y le pidieron la cartera. Horton se negó y Kunkle terminó matándolo de un tiro en la nuca. No tardaron en ser todos arrestados pero en la instrucción posterior, así como en el juicio, se hizo mención por parte de los testigos del hecho de que Kunkle, tras disparar, había pronunciado las palabras «another day, another death, another sorrow, another breath» que todo fan de Metallica reconocerá al instante. Los fiscales también recordaron que en un momento dado, durante el juicio, se puso a hacer air guitar mientras los abogados discutían si la canción de Metallica podía ser admitida como prueba. Kunkle fue condenado a muerte (sería ejecutado finalmente en enero de 2005) y sus compinches a penas entre treinta años y la perpetua.

Uno de esos sórdidos casos en los que un artista desearía poder renegar de ciertos –y supuestos– fans. «Aquello nos dio publicidad –concluía el batería– pero de la que no queríamos.»

El as de picas

La noche del 26 de septiembre de 1986, Metallica viajaba por una carretera sueca en Kronoberg County de camino a su próximo concierto en el marco del Damage Inc. Tour, presentando *Master of Puppets* (1986). Al parecer algunas de las literas en el bus de gira no eran lo que se dice muy cómodas, por lo que Cliff Burton y Kirk Hammett decidieron jugarse a las cartas quién podría elegir cama.

El bajista sacó el as de picas y eligió la litera que Hammett había estado ocupando hasta entonces. En el conocido programa Behind the Music del canal VH1, el guitarra recordaba que dijo: «Está bien, coge mi litera. Yo dormiré delante, puede que sea mejor de todos modos». En aquel momento la fortuna estaba echada: el as de picas le había salvado la vida a Kirk y había sellado el destino de Cliff con una absurda sentencia de muerte.

A primera hora de la mañana, poco antes de las siete, el autobús empezó a dar bruscos bandazos, se salió de la carretera y volcó de lado. Burton, durmiendo en la litera de arriba, salió lanzado a través de la ventana, con tan mala fortuna que el vehículo fue a caer encima de él, falleciendo en el mismo lugar del accidente.

El conductor alegó que había perdido el control tras patinar sobre una placa de hielo negro, extremo que James Hettfield puso en duda pues minutos después del fatal desenlace recorrió a pie un buen tramo de la carretera y no encontró rastro alguno de hielo. Durante tiempo pendió sobre el conductor la sospecha del alcohol y las drogas, o de haberse quedado dormido al volante, pero una eventual investigación lo dejó libre de cargos. Lo único claro respecto a aquella mañana es que privó al heavy metal de uno de sus integrantes más talentosos, con tan solo veinticuatro años; un bajista único con intereses e influencias musicales de lo más amplio y dispar.

Tras el funeral –en el que sonó el tema «Orion» de Metallica– su cadáver fue incinerado y sus cenizas esparcidas en Maxwell's Ranch, una inmensa y pintoresca extensión de casi dos millones de acres situada en Nuevo México. Su memoria sería honrada por numerosos artistas: entre otros, Dave Mustaine escribió «In My Darkest Hour» tras enterarse de lo sucedido, incluyendo el homenaje en su álbum *So Far, So Good... So What!* (1988), mientras que Anthrax le dedicaron su siguiente trabajo *Among the Living* (1987).

Se busca bajista

La vacante dejada por Burton llevó a numerosas audiciones en busca de sustituto. Tras una de esas pruebas, Lars, Kirk y James fueron con uno de los aspirantes, Jason Newsted –hasta entonces bajista en Flotsam & Jetsam–, al Tommy's Joint, su lugar favorito para comer algo y tomar unas copas en la Bay Area. Según cuentan, en un momento dado los tres miembros de la banda improvisaron una reunión del más alto nivel…en los aseos del local. Allí, en medio de los urinarios, decidieron que Jason era el elegido. De vuelta a la mesa, parece que fue Ulrich el encargado de darle la noticia con un irónico «¿quieres un empleo?». Y cuentan también que el grito de afirmación de Newsted se escuchó en varias calles a la redonda. Al menos, en esta versión. Porque hay otra completamente distinta, según la cual dos días después de la audición, Metallica le llamó para comunicarle su decisión, un encuentro en el  que también estuvieron presentes los padres de Cliff Burton. En un momento de gran emotividad, después de que la banda diera la noticia a Newsted, la madre de Burton lo abrazó con fuerza y le dijo: «Tú eres el elegido. Por favor, cuídate».

Como en los viejos libros de Elige tu Propia Aventura, siéntanse libres para quedarse con la versión que más gracia les haga.

Pero fuera de un modo u otro, de lo que no se libró, durante un tiempo, fue de ser considerado «el nuevo» y tener que aguantar coñas del resto del grupo, que se referían a menudo a él como Jason Newkid. En las sesiones de firmas, Jason solía firmar con su nombre y el apodo Bassface debajo; no pocas veces Lars o James le tachaban la B para dejarlo en un cachondo assface.

El primer show de Jason con Metallica tuvo lugar en Reseda, California, el 8 de noviembre de 1986, al tiempo que la banda construía un estudio de bajo presupuesto en el garaje de la casa de Lars para que el bajista se compenetrara musicalmente con sus nuevos compañeros. Y ya que estaban, aprovecharon para grabar su particular homenaje a la New Wave of British Heavy Metal que tanto les había marcado en la forma de *The $5.98 EP: Garage Days Re-Revisited* (1987).

Conciertos secretos

Una práctica habitual en Metallica ha sido ofrecer de vez en cuando algún concierto de esos llamados «secretos», bolos en lugares de pequeño aforo, anunciados casi el mismo día. Normalmente son shows de precalentamiento antes de iniciar una gira, o actuar en un festival y para tal efecto suelen rebautizarse con nombres sacados de su propia mitología, caso de The Frayed Ends, The Four Horsemen, Damage Brain o Damage, Inc. entre otros. De igual modo el repertorio no suele ser el habitual sino que se basa tanto en versiones como en relecturas de su cancionero en versión bufa: «Dickplash», «Drink And Destroy» o incluso «She Can Destroy»

Pero sin ser del todo secreto, uno de los mejores conciertos podríamos decir, privados de Hettfield & Co tuvo lugar el 14 de diciembre de 1995 en el Whiskey a Go Go de Los Angeles. En diez días iba a ser el cincuenta cumpleaños de Lemmy, y a tal efecto se organizó una –anticipada– fiesta en su honor... con Metallica como invitados especiales. Pero una ocasión tal requería una puesta en escena igualmente especial, así que la banda se disfrazó (melena oscura, gafas negras, tattoos...) a imagen del líder de Motörhead y se presentaron en escena como The Lemmys, repasando algunos clásicos del repertorio del homenajeado: «Overkill», «Damage Case», «Stone Dead Forever», «Too Late, Too Late», «The Chase Is Better Than the Catch» y «We Are the Road Crew». El show obviamente se grabó y las cuatro primeras versiones acabaron en el segundo disco de *Garage Inc.* (1998) bajo el epígrafe *Motorheadache '95*.

En declaraciones a la MTV Lemmy dijo que le había parecido una divertida sorpresa y una bonita muestra de respeto, y añadió: «Todos llevaban largas pelucas negras y bigotes pintados, y un tatuaje dibujado en el brazo con un marcador negro. Por cierto, todos llevaban sus tatuajes en el brazo equivocado».

Eso no me lo dices en la calle

A finales de 2011 vio la luz una de las colaboraciones más extravagantes en el mundo del heavy metal, y eso que ha habido unas cuantas. En octubre de ese año, concretamente, vio la luz el álbum *Lulu* firmado a medias por Metallica y Lou Reed. No era la primera vez que el genio neoyorkino se colaba en el mundo del metal. Tres décadas atrás ya había trabajado con KISS en su disco *Music From The Elder* (1981), pero si entonces se limitó a aportar letras para unos pocos temas, en esta ocasión se involucró a fondo con Hettfield y compañía hasta el punto de firmarlo a medias. El resultado, un extraño híbrido con Reed recitando la mayor parte de las canciones sobre un fondo instrumental proporcionado por *the four horsemen*, dejó a la crítica con el morro torcido y a una buena parte de los fans de Metallica con ganas de matar a alguien.

Sea como fuere, de las sesiones surgiría una buena anécdota, recordada por Lars Ulrich en una entrevista en el número de mayo/junio de 2012 de la revista *Spin*. Ante la pregunta del periodista Jon Wiederhorn sobre si en algún momento del trabajo conjunto, el viejo Lou le había lanzado su famosa mirada de ¿a–ti–qué–coño–te–pasa?, el pequeño batería confesaba que en realidad, en una ocasión, le había retado a salir a la calle a darse de tortas: «En un momento dado comenté algo acerca de cómo funcionaban las cosas en el mundo exterior, y se puteó y calentó. Me retó a una pelea callejera, una propuesta bastante intimidante ya que es un experto en artes marciales y además nunca está demasiado lejos de una espada» (en referencia a la conocida afición de Reed por las katanas, n. del A.) explicó Ulrich. «Lo único bueno –apostillaba jocosamente– es que yo puedo correr los cien metros más rápido que cualquier otro músico de 48 años.»

ANTHRAX

Si desde la Bay Area Metallica nacieron con un ojo puesto en la NWO-BHM, en la Costa Este, en Nueva York, otra banda destinada a cimentar un nuevo género nacía con el hardcore y el hip hop de la Gran Manzana como aderezos a su afilado sonido. La formación clásica de la banda formada por Scott Ian, Dan Spitz, Frank Bello, Charlie Benante y Joey Belladonna arrasaría los ochenta con discazos como *Spreading the Disease* (1985), *Among the Living* (1987) o *State of Euphoria* (1988) hasta llegar a los noventa con el cambio de Belladonna por John Bush, generando dos facciones entre los fans –en muchos casos, irreconciliables– entre quienes prefieren a uno u otro vocalista, y por ende las etapas que representan.

Pertenezcan ustedes a uno u otro bando, estarán de acuerdo en que la historia del metal americano sería ciertamente distinta de no haber existido esta pandilla de entrañables gamberros con bermudas.

Thrash metal en tu comedor

En 1989 la MTV patrocinó un concurso cuyo premio era nada menos que recibir una visita de Anthrax en tu propia casa. Como era de esperar, el aluvión de concursantes fue total: más de veinte mil candidatos. Pero la familia que finalmente resultó ganadora no solo pudo disfrutar de la compañía de los neoyorkinos en la intimidad de su hogar, sino que estos, en un gesto de agradecimiento, les destrozaron la casa.

Obviamente todo era parte del plan y los organizadores del evento corrieron con los gastos de reparación de todo aquello que la banda se había cargado e incluso les regalaron un coche. El concurso tuvo tanto éxito en su momento que tres años más tarde la telecomedia *Married... with Children* (*Matrimonio con hijos* entre nosotros) rodó un episodio para su sexta temporada parodiando el concurso. En el capítulo, titulado «Mi cena con Anthrax» la banda llegaba a casa de los Bundy, se intoxicaba con un paquete misterioso que encontraban en la nevera e interpretaban su tema «In My World». Y por supuesto, destrozaban el comedor con la ayuda de los hijos –y la vecina– de Al y Peggy. ¡Ah, los buenos tiempos de la televisión!

Un suegro difícil

En su autobiografía *I'm the Man: The Story of That Guy From Anthrax* (2014) el guitarra de la banda, Scott Ian, cuenta la peculiar historia de cómo conoció a su mujer, Pearl Aday, y de cómo tuvo que ganarse la aprobación de su suegro…que resulta que era nada menos que Meat Loaf. Situémonos: por aquel entonces Meat Loaf estaba atravesando serios problemas conyugales que desembocarían en un divorcio infernal; sin duda el peor momento para que un heavy calvo y con barba de chivo empezara a pulular por su casa, mariposeando alrededor de su hija. Scott tenía a Meat por lo que era: una super estrella del rock. Había crecido con *Bat Out of Hell* e incluso lo había visto en directo en Long Island en 1978. Pero pese a conocer a la madre primero y llevarse bien, su primer contacto con el grueso cantante se limitó a un «hola, encantado de conocerte» y nada más. La segunda, en Nochebuena, fue peor. A Meat no le gustó ver al tipo ese tumbado en su sofá viendo la tele con su hija, salió de casa y la llamó por teléfono para decirle que volvía en cinco minutos y que no quería ver a ese julandrón ahí. Tuvieron que irse a casa de Ian pero al día siguiente volvieron para la comida de Navidad y las cosas se suavizaron.

El punto de inflexión llegaría a principios de 2001. Scott y Pearl solían ir al Viper Room cada lunes para ver a Metal Shop, la banda que se acabaría convirtiendo en Steel Panther. Hacían un gran show, una parodia del hair metal a la que se apuntaban cantantes famosos en plan espontáneo. La pareja le dijo a Meat que un día debía ir con ellos, que se lo pasaría en grande. Y justo el lunes que decidieron no ir, Meat fue, no los encontró y los llamó desde la sala, ordenándoles que movieran el culo hacia el Viper de inmediato.

Mientras se dirigían allí Lonn Friend, el responsable de *Rip magazine*, le envió un mensaje a Scott diciendo que había estado con Meat en el Grand Havana Room fumando cigarros y bebiendo: «Meat está en una forma un tanto peculiar, se ha tomado unos dieciséis Margaritas, no te exagero».

El tema es que aquella noche Meat disfrutó como un enano y subió al escenario del Viper Room a cantar el «Livin' on a Prayer» de Bon Jovi y un tema de Whitesnake sin tener ni puñetera idea de las letras. Pero al salir llevaba tal taja que Scott le dijo que le diera las llaves del coche. Meat se negó pero Scott dijo que o le daba las llaves o le pedía un taxi, pero que ni en broma le iba a dejar conducir.

Finalmente accedió y dejó conducir su coche a Ian; al llegar a la casa de soltero en la que vivía entonces abrazó a Scott con su abrazo de oso, le plantó dos besos y le dijo: «Sé que las cosas han sido raras entre nosotros, pero joder te quiero, eres jodidamente asombroso, ¡te quiero tío!».

Y desde ese catártico momento, Scott y su suegro fueron uña y carne. ¿No es emocionante?

Un canasto con cachorritos

El enorme shock que supusieron los ataques terroristas del once de septiembre de 2001 se vio agravado una semana después cuando diversos políticos y medios de comunicación empezaron a recibir cartas que contenían esporas de ántrax, que no son precisamente inocuas.

La paranoia campaba a sus anchas y en medio de todo aquel dislate, ciertas miradas se posaron en «esa» banda con «ese» nombre. De repente la mitad de los medios generalistas querían entrevistarles, pues había que llenar espacio con la historia de moda. Y obviamente, sin tener ni pajolera idea del grupo ni de su música la pregunta candente que no paraban de dispararles es si iban a cambiarse el nombre para que nadie les relacionara con el bioterrorismo. El diez de octubre de 2001, el grupo emitió una declaración confirmando que lo haría: el comunicado, escrito por Scott Ian, empezaba diciendo que «a la luz de los acontecimientos actuales, vamos a cambiar el nombre de la banda por algo más amigable: Canasto Lleno de Cachorritos». Una sarcástica broma tras la que explicaba que la palabra Anthrax se le había aparecido cuando estaba en clase de biología en el instituto, que le pareció que sonaba metálica y agresiva y que hasta aquel momento «lo único que daba miedo de Anthrax eran nuestros peinados en los ochenta y la portada del *Fistful of Metal*».

Una concesión sí hicieron: incluir un link en su página para vincular a las personas que accidentalmente se topaban con el sitio web de la banda cuando buscaban «ántrax», con el Centro para el Control de Enfermedades.

Anthrax estaba de gira cuando ocurrieron los ataques del once de septiembre y, al igual que hicieron muchas otras bandas, cancelaron fechas y volvieron a casa. Pero en lugar de quedarse sentados y lamentarse, la banda –junto a Twisted Sister, Ace Frehley, Sebastian Bach y Overkill– actuó en un concierto benéfico el veintiocho de noviembre en el Hammerstein Ballroom de Nueva York, a beneficio de los hijos y viudas de policías y bomberos neoyorkinos.

Y cuando fue su turno de salir a escena, los cinco músicos lo hicieron vestidos con monos blancos, cada uno con una palabra impresa. De pie uno al lado del otro, se podía leer: We're Not Changing Our Name (No Vamos a Cambiarnos el Nombre). Por si todavía no había quedado claro...

MEGADETH

Una infancia difícil («crecí como Oliver Twist» ha declarado más de una vez), una adolescencia y juventud no menos problemáticas, una oportunidad de oro con Metallica que su carácter y sus adicciones marraron demasiado pronto y una carrera posterior al frente de su propia banda han hecho de Dave Mustaine tanto un tipo hecho a sí mismo como un zopenco colosal. Cristiano renacido tras años de (muy) mala vida, Dave pasó –en menos de una década– de cubrir la Convención Nacional Demócrata de 1992 para la MTV, a adelantar por la derecha a los barones republicanos más recalcitrantes, supurando homofobia, racismo, conspiranoia y demás lacras a poco que le pusieran un micro delante. Y por si fuera poco, tiene contactos con las más altas esferas; en una entrevista para Metal Injection en 2010 se jactaba de ello: «He sido invitado a la Casa Blanca, me han invitado al Pentágono. Tengo amigos en el Servicio Secreto y en el FBI». Casi nada para un ex yonki melenudo, pensarán ustedes. En efecto, el amigo Mustaine ha llegado alto, aunque sea por la escalera equivocada. Sea como sea, tanto su trabajo en los primeros Metallica como sus discos más clásicos al frente de Megadeth (*Peace Sells... but Who's Buying?* (1986), *So Far, So Good... So What!* (1988), *Rust in Peace* (1990)...) son historia viva del thrash metal y eso siempre merece un respeto. Escarbemos no obstante hasta encontrar esos pequeños detalles que toda estrella tiene para contentar a los cotillas como nosotros...

¿Dónde tienes tú el diafragma?

En una entrevista para el portal Hard Rock Haven en 2010, Dave confesaba las extrañas clases de canto que recibió de jovencito. Puede que fuera por su melena rubia y su pinta de querubín de arrabal, puede que fuera simple y llana mala suerte, lo cierto es que sus profesores parecían más interesados en su entrepierna que en sus cuerdas vocales. Sin querer dar nombres, explicaba que «una de ellas era una mujer de setenta años en Hollywood que se colocó detrás de mí y me metió las manos en los pantalones. Pensé, 'uff, ya la hemos jodido'. Luego hubo otro, un tipo también de Hollywood que me pidió que me desabrochara los pantalones para que pudiera examinar mi diafragma. Le dije 'colega, mi diafragma está aquí arriba. Los diafragmas en los pantalones

son cosa de las hembras'. Así que no estoy seguro de lo que mis partes privadas tenían que ver con una lección de canto, supongo que tendría algo que
ver con la respiración. Realmente fue demasiado extraño para mí, pensé, si
esto forma parte de ser un vocalista».

Defensores de los animales

Siendo tan controvertido en sus creencias y opiniones, una de las sorpresas
más inesperadas para Megadeth vino de la mano de un galardón ecologista.
Más concretamente, del premio Genesis de Humane Society, otorgado a las
celebridades que trabajan para promover la conciencia acerca de la crueldad
con los animales. Y cabe decir que son la única banda de metal que ha conseguido tal honor. El premio se otorgó por la canción homónima del álbum
Countdown to Extinction (1992), un tema que versa sobre la llamada «canned
hunt», una práctica en la que los cazadores tienen la oportunidad de matar
a una o varias presas en un área confinada y determinada. Existen ciertos
rumores que apuntan a que la canción fue una especie de puya hacia James
Hetfield, su ex compañero en Metallica el cual, según dicen, ha participado
en algunas de estas cacerías.

Saber y ganar

Rock & Roll Jeopardy! fue un concurso televisivo emitido por VH1 entre 1998
y 2001, que se centraba en la música manteniendo la estructura del clásico
Jeopardy! un programa de conocimientos con preguntas sobre numerosos
temas emitido por la televisión estadounidense desde los años sesenta. En
uno de sus programas, los concursantes invitados (siempre celebridades de
la música popular) fueron Moon Unit, la hija mayor de Frank Zappa, el
padrino del P–funk George Clinton y nuestro héroe. Y mientras Moon no
acertaba ni una, frustrándose más y más a medida que avanzaba el juego y el
viejo George parecía llevar una fumada de las que hacen época y tampoco
daba pie con bola, Dave se paseó con una suficiencia insultante, acertando
en todas las categorías y demostrando que posee un conocimiento casi enci-
clopédico de la historia de la música, independientemente del género.

A vueltas con las botas

En su álbum debut *Killing Is My Business ... and Business Is Good !* (1985), Megadeth incluyeron una versión de «These Boots Are Made for Walkin'» el

famoso clásico del pop compuesto en 1965 por Lee Hazlewood para la hija
de Frank Sinatra, Nancy. La versión de la banda, retitulada como «These
Boots» constaba de unas letras un tanto distintas ya que en realidad fue
grabada más como una especie de parodia que como una versión respetuosa
per se.

Y ahí quedó la cosa durante casi una década hasta que el álbum experimen-
tó una revalorización y empezó a venderse más que bien; fue entonces que
a Hazlewood le dio por ofenderse, exigiendo que la canción fuera omitida
en las reediciones del disco por considerar la versión como «vil y ofensiva».
Mustaine, que tiene mucho pelo en la cocorota pero ninguno en la lengua,
no se la mordió para contestar que «vil y ofensivo fue que cobraran los che-
ques por royalties que enviábamos durante diez años antes de que dijeran
algo al respecto».

No obstante Mustaine finalmente omitió la canción en las nuevas versiones del álbum, aunque cuando el disco fue remezclado en 2002, se incluyó
una versión censurada del tema como bonus track, y en 2018 fue incluida
con las letras originales de Hazlewood en una segunda versión remezclada y
remasterizada del debut.

PORTADAS CON HISTORIA
SLAYER
Reign in Blood
(1986, Def Jam / Geffen)

Para su tercer disco en estudio, que a la postre les llevaría a primera línea del universo thrash metal americano de los ochenta, Slayer tenía muy claro que querían impactar al oyente desde la propia portada del álbum. Y aunque no sabían exactamente cómo, una cosa sí tenían clara: tenía que aparecer una cabeza de cabra. Y así se lo dijo el famoso productor Rick Rubin a Larry Carroll, el ilustrador escogido para tal fin, al tiempo que le pasaba una cinta de adelanto del disco.

Inspirado por la brutal, oscurísima sinfonía que Jeff Hanneman y Kerry King habían compuesto, Carroll respondió con un lienzo de noventa por noventa (centímetros, obviamente) que era una pura pesadilla. Trabajando con una mezcla de óleos y acrílicos y usando la técnica del collage y una fotocopiadora para redimensionar las imágenes, el resultado todavía impacta a día de hoy. Una escena infernal –inspirada en el panel derecho de *El Jardín de las Delicias*, el famoso tríptico de El Bosco– cuyos inusuales colores y extrañas perspectivas albergan un conjunto de personajes entre lo grotesco

–esos «porteadores» empalmados–, lo cruento y lo directamente satánico. Una propuesta tan radical que en un principio no contó con el beneplácito de la banda, que la vio –según declaraciones de King a Metal Hammer en 1987– como la obra de «un freak retorcido y demente». En realidad lo que ocurría es que la veían poco heavy, poco acorde con la estética clásica del metal hasta entonces. La distribuidora de Def Jam, Columbia, tampoco estaba muy convencida –aunque por otros motivos– y el lanzamiento del disco tuvo que posponerse hasta que se encontró otro distribuidor en la figura de Geffen.

Pero la banda supo acabar apreciando el trabajo de Carroll (que con el tiempo se ha demostrado que supuso un antes y un después en el artwork del heavy metal) y prueba de ello es que se le encargaran futuros trabajos como las portadas de *South of Heaven* (1988), *Seasons in the Abyss* (1990) y *Christ Illusion* (2006).

Para aquellos de ustedes que tengan el disco (espero que todos, no me fallen), y especialmente si lo poseen en vinilo, les invito a pincharlo de nuevo mientras repasan una vez más esta mítica portada. Dicen que entre los rostros que pueden verse hay estrellas invitadas del calibre de Hitler, Jesucristo, Paul McCartney o el Papa Juan Pablo II. Así pues una lupa, volumen al once y a disfrutar.

XIV. ACE FREHLEY
El juerguista enmascarado

«Hubo un montón de ocasiones en las que Paul y Gene se pusieron de los nervios porque yo me emborrachaba por la tarde antes de un concierto. Pero ellos no sabían que tengo la habilidad de ponerme ciego, dormir dos o tres horas y despertarme fresco y listo para tocar. Solía acojonarles a base de bien haciendo eso, pero siempre fui capaz de llevar adelante un gran show».

Ace Frehley

Pandillero juvenil y casanova aficionado –su apodo se remonta a los días de instituto, cuando sus compañeros lo consideraban un «as» con las féminas–, Ace Frehley siempre fue el miembro más díscolo de KISS. Tomando como colega de parrandas a Peter Criss, el neoyorkino se ganó una reputación de juerguista y borrachuzo, además de bromista empedernido, que no ocultaba en absoluto. Disfrutó del éxito solazándose en el exceso y, siempre que podía, haciendo la puñeta a Gene Simmons y Paul Stanley, cuyo concepto del negocio distaba mucho del suyo.

El vagabundo de la guitarra

Una muestra de su carácter, bohemio y desinhibido, lo encontramos en las pruebas que hizo para conseguir el puesto de guitarrista en KISS, a las que se presentó con un zapato de cada. Ace andaba tan mal de pasta en aquellos tiempos que, haciéndosele tarde, le pidió a su madre que le llevara a la audición en coche porque no tenía un duro ni para el taxi. Agarrando ampli y guitarra y vistiéndose a toda prisa, llegó al lugar hecho un cromo: «Entró un tipo que llevaba una zapatilla naranja y otra roja», recuerda Simmons sobre aquel día. «Pensé que se había colado un vagabundo desde la la calle, solo que llevaba una guitarra.»

Frehley comentó tiempo después que no pensó en sus zapatos; simplemente se apresuraba a irse, no se dio cuenta de que había mezclado su calzado y solo se dio cuenta de cómo iba calzado cuando ya estaba en camino.

«Sin embargo, no estaba preocupado», añadió. «Pensé que iba bastante cool.»

Expediente X

Desde que era un crío pululando por las calles del Bronx, Paul Daniel Frehley quiso tener un encuentro en la tercera fase. Su temprano interés por todo lo relativo al espacio y la ciencia ficción quedó bien patente años más tarde a la hora de escoger su personaje en KISS, convirtiéndose para la historia y la leyenda en The Spaceman junto a sus compañeros. Por no mencionar que llamó Frehley's Comet a la banda con la que inauguró su carrera en solitario a principios de los ochenta. Pero una cosa es creer –o querer creer– y otra muy distinta llegar a ver un ovni de verdad. No digamos ya que este se acerque lo suficiente para aterrizar en el patio trasero de tu casa. Pero eso es lo que le pasó a Ace, y como tal lo contó en 2002, durante una entrevista en el programa de radio de Eddie Trunk. Y ojo que los alienígenas no se contentaron con aparcar el trasto en el jardín de su finca de Westchester, sino que –de nuevo según sus propias declaraciones– ¡fue abducido! ¡El bueno de Ace secuestrado por los extraterrestres! Por desgracia al ser devuelto entre los terrícolas, Ace no tuvo recuerdo consciente de la experiencia a bordo, tan solo la sensación de haber abandonado nuestro planeta: «No preguntes cómo –le dijo al locutor– pero tengo un recuerdo muy vivo del despegue».

Cabe señalar que el condado de Westchester, en la parte suroriental del Estado de Nueva York, así como el vecino Hudson Valley son desde hace mucho tiempo una zona de avistamiento de ovnis. Y para los más escépticos, dejar constancia de que la nave dejó un círculo de hierba chamuscada, de unos ocho metros de diámetro, como señal inequívoca de su presencia. Si con una prueba tal no quedan ustedes convencidos es que su escepticismo roza lo enfermizo... o que tal vez conozcan un poco a Ace y su carácter, tan fantasioso como bromista y socarrón.

¡Eh, nena, sales en la tele!

Para las grandes bandas en gira no es nada extraño pisar dos países distintos en un solo día. En ocasiones hasta tres, como recuerda Ace Frehley que ocurrió durante uno de los maratonianos tours de KISS: «Recuerdo una vez durante una gira en la que me desperté en Canadá, comí en Texas y acabamos cenando en Mexico DF, donde teníamos un show de estadio». Más tarde y ya una vez en el hotel, Ace se encontró en el lobby con una chica mexicana despampanante y además rubia, lo que a sus ojos añadía exotismo al conjunto. La llevó a su habitación y no pasó demasiado tiempo hasta que empezaron a intimar. Un clásico encuentro de cientos que, en esta ocasión, quedó en la memoria del guitarrista por una circunstancia no tan habitual. «Empezamos a tener sexo y en un momento dado levanté la vista al televisor, que estaba encendido... ¡y ahí estaba esa chica, en la pantalla! Era un anuncio de coches o algo así, jajaja.» Un privilegio de rockstar, el de tener sexo con una modelo mientras a la vez la ves por televisión, que no es común al resto de los mortales. Pueden ustedes probarlo con un vídeo familiar en el que aparezca su pareja pero evidentemente no es lo mismo. Y además se arriesgan a que en cualquier momento aparezca en pantalla su madre. O peor aun, su cuñado.

Así se trata a los invitados

En una hilarante entrevista con Loudwire Ace contaba un fin de semana un tanto salvaje que pasó en casa del guitarrista de Pantera, Dimebag Darrell. Ambos junto a Vinnie Paul y otros colegas estuvieron empinando el codo a base de bien y al parecer hasta escribieron juntos una canción que se perdió entre las brumas del alcohol y otras sustancias. Pero lo mejor estaba por llegar: «Vinnie Paul creo que tenía un club de striptease por allí. ¿Dónde vivían, en Atlanta? Ah, no era en Texas, en Dallas. Bueno, pues hacia el final del fin de semana llegaron a la casa unas prostitutas. ¡Y una me hizo una mamada frente a ellos! Estaban ahí delante de mí, mirando, fue una locura» contaba entre risas.

Ace admitió que no le preocupaba demasiado el hecho de que Dimebag Darrell lo observara mientras la chica se ocupaba de relajarle ya que tanto él como todos los demás estaban más que puestos.

Electrocutado

Durante un show de KISS en Lakeland, Florida, el doce de diciembre de 1976, un fallo técnico casi se carga a Ace. Justo después de terminar de tocar «Detroit Rock City» desde una de las plataformas, el guitarra se dirigió a la base del escenario para continuar con el set, se agarró a una barra metálica que hacía las veces de baranda para ayudar a equilibrarse y algo falló en su guitarra: de repente Ace recibió una descarga eléctrica que lo dejó seco y, tras quedar paralizado unos segundos, se derrumbó inconsciente.

«Lo entendí durante un instante, y luego me desmayé. Me desperté detrás de los amplificadores», recordaba. «Dije: 'No puedo tocar', pero los fans empezaron a corear mi nombre y me las arregle para terminar el show, aunque no tenía ninguna sensibilidad en las manos. No sé cómo lo hice. Supongo que todo fue pura adrenalina».

El incidente le inspiró para componer el tema «Shock Me», incluido en *Love Gun* (1977). La primera vez en un disco de KISS en que ponía voz a uno de sus propias canciones.

Huyendo de la poli

Ace siempre ha sido un gran aficionado a los coches, y en igual medida a destrozarlos. Ya en las sesiones para *Hotter Than Hell* (1974) en California sufrió un accidente conduciendo borracho (el primero de una larga lista) por las colinas de Hollywood y del que salió con media cara como un mapa, lo cual provocó que solo se pudiera maquillar medio rostro en las sesiones fotográficas para el disco. La otra mitad, según Gene, fue superpuesta por el departamento de diseño.

Pero sin duda una de las historias más legendarias al respecto tuvo lugar en White Plains en 1983, cuando protagonizó una huida a toda velocidad en su DeLorean perseguido por la policía de Nueva York. Los agentes le dieron el alto tras un topetazo con otro vehículo. Ace al habla: «Me pararon, y yo tenía el permiso de conducir suspendido, y además había golpeado por detrás a otro coche. El oficial dijo: 'Permiso y registro'. Yo contesté: 'Un momento, está justo aquí en la guantera', pisé el acelerador y salí disparado. Eso provocó toda la locura».

Ace consiguió eludir a los agentes un buen rato, pero finalmente lo alcanzaron y lo arrestaron acusado de conducción imprudente y ebriedad. En última instancia, aflojó quinientos dólares de fianza para poder salir del calabozo.

Ceguera temporal

Existe una leyenda según la cual Ace sufrió una tremenda reacción alérgica cuando la pintura de color plata con la que se tiñó los cabellos en la portada del primer disco de KISS se resistió a desaparecer, pero se trata de solo eso: una leyenda urbana. En realidad se trataba solo de aerosol plateado que se diluyó tras un simple lavado.

Es posible que dicha falsa leyenda se confundiera con otra que sí ocurrió en realidad, tal y como explica el propio Ace: «Estaba en París y me topé con una modelo que conocía de Nueva York (…) Terminamos emborrachándonos con unas cuantas botellas de champagne y caí inconsciente en la cama aun con mi maquillaje puesto tras el espectáculo. Cuando me desperté, tuve una reacción alérgica al no haberme quitado el maquillaje plateado, porque tiene una base de metal. Mis ojos estaban hinchados y cerrados. Estaba ciego».

Por suerte pronto llegó un médico para chutarle Prednisona, un potente antiinflamatorio, pero durante un buen rato el pobre Ace las pasó canutas.

Risa contagiosa

La noche de Halloween de 1979 KISS hicieron una aparición especial en el programa *The Tomorrow Show*, conducido por Tom Snyder. Un simple encuentro promocional más con los cuatro miembros de la banda maquillados y con sus trajes de escena, que gracias a la borrachera con la que se presentó Ace derivó en la más loca, divertida e hilarante entrevista de toda su historia; decidido a pasárselo bomba, nuestro hombre se adueñó del show y les robó completamente el protagonismo a Paul y Gene cuyas caras de si–pudiera–te–mataba no hacían sino añadir comicidad a la situación.

La risa contagiosa y las continuas bromas de Ace, riéndose de sí mismo y de los otros fueron tan atronadoras que en un momento dado Snyder interrumpió a Gene para preguntarle a Ace si alguna vez había grabado el sonido de su risa.

Peter Criss, al igual que Snyder, disfrutó como un cerdo en un lodazal y tiempo después todavía recordaba divertido el incidente: «cuando volvimos al camerino, Ace se desmayó sobre el sofá. Por fin lo habíamos pasamos bien en una entrevista. Sabía lo cabreados que estaban Paul y Gene, y eso lo hizo aún mejor (…) Tom entró y dijo: 'Quiero daros las gracias, chicos. Ha sido el mejor momento de mi vida. ¿Dónde está Ace?' Lo vio ahí tirado y dijo: 'cuando se despierte, decidle que le amo'».

XV. ANTIGUOS ALUMNOS
Abueletes, experimentos e Historia Natural

La abuela del Death Metal

Hay personas cuya biografía haría palidecer a más de una novela decimonónica, y la de Inge Ginsberg es sin duda una de ellas. Nacida en Austria en el seno de una familia judía sobrevivió al holocausto, fue deportada a Cuba para ser devuelta a Europa y recluida en un campo de refugiados en Suiza, trabajó para el espionaje aliado en Lugano y de ahí pasó a Estados Unidos donde durante años y junto a su primer marido Otto Kollman se dedicaron a componer música para artistas de la talla de Doris Day, Nat King Cole o Dean Martin. Diversas vicisitudes por medio mundo no le impidieron seguir escribiendo poesía, una de sus pasiones, hasta que su amigo el guitarrista portugués Pedro Henriques Da Silva le dijo que sus versos parecían letras de death metal.

Y ni corta ni perezosa y ya nonagenaria, en 2015 Inge decidió convertirse en cantante y formar una banda del palo junto con Pedro y otros músicos a la que bautizó como The Tritone Kings y con la que ha grabado varios vídeos, participado en concursos televisivos e incluso tratado –sin éxito– de participar en Eurovisión. Hasta que finalmente el *New York Times* decidió grabar un documental sobre ella, titulado *Death Metal Grandma* y estrenado en marzo de 2018. Para un género tan sangriento y fatalista como el *death*, ni tan mal oigan.

Mrs. May Booker meets Thin Lizzy

Pongámonos en antecedentes: *Jim'll Fix It* fue un programa de televisión emitido por la BBC desde 1975 hasta 1994. Creado y presentado por Jimmy Savile, la base del show eran las cartas que le remitían los chavales a Jimmy pidiendo un deseo (normalmente conocer a algún famoso y derivados), concedido a algún afortunado durante la retransmisión del programa los sábados por la noche. Pero he aquí que en 1982 quien remitió una de las misivas no era uno de los galopines habituales sino una venerable ancianita llamada May Booker, la cual afirmaba adorar a Thin Lizzy y pedía tocar con ellos en directo.

Fuera por lo inusual de la petición (y del emisor), fuera porque el propio Phil Lynott fue mayormente criado por su abuela, la banda accedió a que tocara el teclado en directo mientras ellos interpretaban «Hollywood (Down on Your Luck)» de su recién editado elepé *Renegade*.

Y así el 9 de junio la banda actuó invitada en el programa con Miss Booker –enfundada en un vestido ideal para la hora del té– acompañándola en una versión ligeramente remozada del tema. Con Darren Wharton, teclista de la banda, a su lado, la señora Booker rockeó de lo lindo haciendo coros junto al propio Wharton, Scott Gorham y Snowy White e incluso haciendo un solo de teclado compuesto por ella misma. Según cuentan el show fue pregrabado, pero ello no disminuye un ápice la curiosa magia del momento.

La imagen al término del show con Lynott y Savile entregándole a la abuelita la medalla habitual del programa, así como algunos recuerdos de Thin Lizzy y una copia enmarcada de la partitura de su solo ponía perfecto colofón a una de las anécdotas más divertidas y entrañables del rock británico.

El último vampiro

«Asocio el heavy metal con la fantasía por el tremendo poder que desprende su música.» Toda una declaración de principios por parte de sir Christopher Lee, leyenda de la interpretación e icono del cine, muy especialmente en los géneros del fantástico y el terror y más particularmente como el inmortal (en todos los sentidos) *Drácula* de la Hammer, a las órdenes de Terence Fisher. La admiración del mítico actor por el heavy metal –nacida en los setenta a raíz de la irrupción de Black Sabbath en el panorama musical– no se quedaría en mera expectación sino que en su senectud, pletórico de voz y lúcido como pocos, se involucraría en una serie de grabaciones hasta acabar firmando él mismo algunos álbumes.

Su primera contribución al género llegaría en 2005, cuando aportó una pequeña narración al tema «The Magic of the Wizard's Dream» junto a la banda de power metal italiana Rhapsody of Fire; con ellos seguiría colaborando esporádicamente en álbumes sucesivos, al igual que lo haría con Manowar en 2010, cuando estos regrabaron su debut *Battle Hymns*. Lee se encargaría en ese caso de las voces originalmente grabadas por Orson Welles en el tema «Dark Avenger».

Ese mismo año, con ochenta y ocho años recién cumplidos, debutaría con un épico y sinfónico trabajo a su nombre titulado *Charlemagne: By the Sword and the Cross*. Respecto a la figura del mítico emperador, Lee afirmó durante una conferencia en el University College de Dublin que «era en realidad mi ancestro, y podemos probarlo». No sería de extrañar, porque hay que pertenecer a un linaje excepcional –y tenerlos muy bien puestos– para grabar y publicar un disco de heavy metal a su edad. Y no solo eso, sino darle continuidad tres años más tarde con una segunda entrega todavía más heavy

–Charlemagne: The Omens Of Death– con arreglos de Richie Faulkner, sustituto de KK Downing en Judas Priest. Desde entonces hasta su muerte en 2015 nuestro querido príncipe de las tinieblas publicaría tres ep's de versiones, dos de ellos navideños: *A Heavy Metal Christmas* (2012), *A Heavy Metal Christmas*

Hollywood Vampires.

Too (2013) y *Metal Knight* (2014), y se despediría de este mundo con una última colaboración en el disco de debut de Hollywood Vampires, el supergrupo compuesto por Alice Cooper, Johnny Depp y Joe Perry, como narrador en el tema «The Last Vampire». Más adecuado, imposible.

Abuelos en el festival

El día 6 de agosto de 2018 el *Washington Post* publicaba una noticia que pronto se hacía viral entre la comunidad metálica de todo el planeta: dos ancianos alemanes se habían escapado de su residencia para acudir al Wacken Open Air, uno de los mayores festivales de heavy metal del mundo. Tras dar sus cuidadores la voz de alarma y después de una búsqueda exhaustiva, la policía encontró a los dos veteranos metalheads «desorientados y confundidos» sobre las tres de la mañana, en los terrenos del festival. Los abueletes dijeron que de allí no se movían y tuvieron que ser introducidos en un taxi y escoltados por un coche patrulla de vuelta a la residencia. «Obviamente estaban disfrutando del festival», declaró el portavoz policial Merle Neufeld.

Una magnífica anécdota la de estos dos octogenarios, pasando de pastillas y concursos televisivos y largándose a desfasar viendo a Judas Priest, Running Wild, Sepultura y docenas de nombres más. Historia que unos días más tarde desmentían los aguafiestas de la Deutsche Welle (la radio y televisión pública alemanas) por medio de una tal Rebecca Staudenmaier. Al parecer y después de investigar más a fondo el incidente, la policía de Itzehoe había aclarado que los fugados de la residencia eran dos hombres de mediana edad, con trastornos psíquicos, que simplemente se habían largado a Wacken a tomar unas copas en algún bar. Una vez localizados –un tanto ebrios– en una parada de bus, los agentes les llevaron a un puesto médico habilitado para asistentes al festival para asegurarse de que estaban bien. Y de ahí la confusión.

Una bonita manera de cargarse una preciosa y cachonda historia, ante la que solo cabe pedirles a ustedes, queridos lectores, que recordando al gran Fernán Gómez griten conmigo bien fuerte: ¡Váyase a la mierda, señora Staudenmaier! ¡A la mierda!

Fósiles del Heavy Metal

El heavy metal, sabido es, tiene conexiones con todas las ramas del saber, y la paleontología no iba a ser una excepción al respecto. En el caso que nos ocupa debemos remontarnos a noviembre de 1998 cuando en la publicación periódica del *Australian Museum* aparece un artículo firmado por el paleontólogo Gregory D. Edgecombe, en el cual se anuncia el descubrimiento de unos fósiles de artrópodos ya extintos, pertenecientes a dos especies distintas de miriápodos. Unos bichos de apenas quince centímetros de longitud que vivieron hace unos cuatrocientos millones de años, encontrados en el terreno volcánico de Nueva Gales del Sur y que –se aventuró– podrían ser los animales terrestres más antiguos de todo el hemisferio sur.

Pero el amigo Edgecombe, tras el descubrimiento, se enfrentó a la tarea de bautizar a sus pequeñuelos. Y teniendo en cuenta que ambas especies estaban evidentemente relacionadas entre sí y que ambas eran de origen australiano ¿qué mejor que tomar el nombre de dos famosos hermanos del país y adjudicárselo a los fósiles? Y así fue como nacieron *Maldybulakia Angusi* y *Maldybulakia Malcolmi* en evidente referencia a Angus y Malcolm, todo un honor tanto para los dos guitarristas como para las prehistóricas criaturas.

Partiendo de ahí descubrimos que hay estudiosos que se pirran por el heavy y deciden denominar a sus hallazgos con el apellido de un artista famoso. Y como con el tiempo fueron unos cuantos, en 2013 se reunieron varios de ellos en una exposición itinerante titulada *Heavy Metal And Punk Fossils* la cual, durante más de un año, visitó diversas ciudades europeas. Los visitantes de tan peculiar muestra pudieron observar de cerca especímenes tan potentes como un gusano de 420 millones de años de antigüedad dotado de enormes mandíbulas que lleva el nombre de *Kingnites Diamondi*, bautizado por el profesor Mats Eriksson de Lund, Suecia, en honor al padrino del metal danés, King Diamond. Otro gusano expuesto, igualmente viejísimo y de aspecto poco amigable era el *Kalloprion Kilmisteri*, en referencia a Lemmy Kilmister.

La exposición contaba además con algunos bichos nombrados en referencia a iconos del punk –*Arcticalymene Visciousi* por Sid Vicious, *Quiliania Graffini* por Greg Graffin de Bad Religion– e incluso, aunque nada tenga que ver con el mundo del metal, un dinosaurio con todas las piezas denominado *Masika-saurus Knopfleri*, adivinen ustedes por quien.

Claro que el asunto no se circunscribe únicamente a la paleontología sino que abarca diversas ramas de las ciencias naturales. Así, por ejemplo, a finales de 2012 supimos de la tarántula *Aphonopelma Davemustainei*, descubierta por el profesor Brent E. Hendrixson en Nuevo Méjico y de la que el líder de Megadeth se siente más que orgulloso. O, yéndonos ahora a la botánica, encontramos el *Eriogonum Fasciculatum Bruce Dickinson*, un arbusto habitual en las zonas más áridas de Estados Unidos y sobre cuyo nombre sobran aclaraciones.

Y paramos aquí para no convertir esto en un trabajo de ciencias para el lunes, pero si algo queda claro es que muchos de los científicos actuales son los metalheads de ayer, esos que en el instituto parecía que iban a acabar, con suerte, currando en la gasolinera del pueblo. Y mira ahora...

Tiburones

¿Se han preguntado alguna vez de qué música son fans los marsupiales? ¿O qué estilos dentro del heavy prefieren los paquidermos, los felinos o los roedores? Si son ustedes personas sensatas, adultas y mentalmente equilibradas, obviamente no. Pero si lo son, tampoco estarían leyendo un libro como este. Por desgracia a preguntas de ese tipo no podemos ofrecer respuestas concluyentes pero lo que sí podemos, en concreto, es asegurarles –desde una base completamente científica– qué banda les gusta a los escualos. La respuesta la daba un libro publicado en 2016, titulado *The Mice Who Sing For Sex, And Other Weird Tales From The World Of Science*. En sus páginas –entre otros comportamientos curiosos del reino animal– se hacía referencia a un estudio publicado por Australian Geographic en 2011 según el cual los tiburones se sentían atraídos por la música de AC/DC, y muy especialmente por temas como «You Shook Me All Night Long», «If You Want Blood (You Got It)» y «Back in Black».

Matt Waller, un operador turístico de Neptune Bay en el sur de Australia, había decidido llevar a cabo un experimento tras conocer que algunos instructores de buceo en la Isla Guadalupe habían notado que la música bajo el agua para sus clientes causaba asimismo ciertos cambios en el comportamiento de los tiburones. A través de su empresa Adventure Bay Charters, Waller decidió llevar a cabo un experimento al respecto: usando altavoces subacuáticos acoplados a jaulas de buceo, empezaron a emitir rock australiano a través del agua. La mayoría de las canciones no tuvieron ningún efecto,

pero cuando los enormes tiburones blancos escucharon las canciones de AC/
DC... ¡eureka! nadaron hacia las jaulas y frotaron sus cabezas contra los altavoces, mostrándose en palabras de Waller «más curiosos, más inquisitivos
y mucho menos agresivos» aclarando, eso sí, que «los tiburones no tienen
orejas, no llevan el pelo largo y no se acercaron haciendo headbanging ni air
guitar». Gracias por la aclaración, Matt.

Waller concluyó que los animales se sintieron atraídos por los sonidos
de baja frecuencia que prevalecen en los temas de heavy metal, teoría compartida por la locutora de Radio X Lliana Bird y el neurocientífico Dr. Jack
Lewis, autores del libro antes citado. Explicaciones científicas para no reconocer lo evidente: si eres un tiburón ¿qué otra cosa te va a molar si no es el
heavy metal? ¿el dream pop? ¿el eurodance? ¿el puto trap? Seamos serios,
hombre.

Verduras metálicas

Entre ciertos aficionados a la botánica existe la creencia de que hablar a las
plantas favorece y estimula su crecimiento. No es una corriente de pensamiento reciente, baste recordar el magnífico tratado *Nanna o Sobre la Vida
del Alma de las Plantas* del físico, médico y filósofo Gustav Theodor Fechner,
publicado en 1848. También hay quien dice que si le hablas a tus geranios es
que estás como una regadera, pero la única evidencia de locura es si estos te
contestan. Ahí no hay duda.

Para evaluar la posibilidad de que hubiera algo de cierto en esa teoría el
Discovery Channel se propuso llevar a cabo una serie de experimentos a
través de su programa Cazadores de Mitos. Así, en el episodio «Insecticida
Explosivo, Aguja en un Pajar, Hablar a las Plantas» emitido en noviembre de
2004 se instalaron siete pequeños invernaderos en el techo de M5 Industries.
Cuatro se instalaron con equipos de sonido que reproducían grabaciones en
bucle: dos de discurso negativo, dos de discurso positivo. Un quinto invernadero con música clásica y un sexto con death metal a piñón. Un séptimo,
usado como muestra de control, no tenía sonido alguno.

Los resultados tras varias semanas revelaron que las plantas de los invernaderos con las grabaciones habladas crecieron mejor que las del de control,
independientemente del tono del discurso. Las plantas con música clásica
crecieron todavía mejor pero los mejores resultados de largo, como no podía
ser de otra forma, fueron las del invernadero del death metal.

Hay quien indicó que la presencia de ondas acústicas en el entorno podría
facilitar el crecimiento, que si el movimiento del aire, las vibraciones y todo

eso. Por otra parte botánicos expertos cuestionaron el experimento, quitándole toda validez argumentando falta de datos estadísticos, orientación de la luz y demás zarandajas. Al igual que en el anterior caso de los tiburones y las bajas frecuencias, meras excusas e intentos de desacreditar –desde la envidia, los prejuicios y la incompetencia– lo que cualquier verdadero aficionado sabe: que el heavy metal te hace más alto, más fuerte y más poderoso ya seas animal, vegetal o mineral. Y punto.

Hevisaurios

En el 2008 se produjo un acontecimiento que debería pasar a los anales del heavy metal y que, desgraciadamente, sigue siendo conocido solo por unos pocos miles de aficionados. Una oscura noche un rayo cegador se unió a los hechizos de unas brujas para romper y devolver a la vida cinco huevos de dinosaurios del metal enterrados en una montaña hace sesenta y cinco millones de años. Y de este modo (al menos según su bio oficial) nació Hevisaurus. La versión para mayores, no obstante, afirma que fue fundado por Mirka Rantanen, batería de la banda finlandesa Thunderstone el cual, tras asistir con sus hijos a un concierto infantil, tuvo la idea de montar un grupo de heavy metal dirigido a ese mismo público.

Con una peculiar puesta en escena –cuatro de sus miembros van disfrazados como dinosaurios y el quinto es un dragón–, Hevisaurus debutó en directo en septiembre de 2009, consiguiendo de inmediato un contrato con nada menos que Sony BMG, que le vieron la vertiente comercial al asunto a la primera. Un primer álbum ese mismo año titulado *Jurahevin Kuninkaat (Reyes del Metal Jurásico)* les convirtió en todo un fenómeno en Finlandia: han publicado ya ocho discos, su tema «Räyh! O Roar!» ha conseguido más de tres millones de reproducciones en YouTube y Sony llegó a ceder la licencia para toda Latinoamérica, donde son conocidos como Heavysaurios. «Lo único que les diferencia de otras bandas es que cantan acerca de beber leche y hacer los deberes», dice uno de sus productores, Nino Laurenne, quien no toca en la banda pero escribe todas las canciones junto a Pasi Heikkilä. Un magnífico ejemplo de cómo introducir a los más peques en el mundo del metal. Y es que por allí arriba, en ese sentido, nos llevan siglos de ventaja.

XVI. HAIR METAL
Hollywood, Babilonia

«Era una locura, todo era fiesta y alcohol, había chicas desnudas por todas partes. Recuerdo una vez que había una chica metida en el baño haciendo mamadas. Cuando se corrió la voz entre los chicos del grupo y el resto de personal, *roadies*, etc., se formó hasta una fila en la puerta. Cosas así sucedían continuamente. Recuerdo que L.A. Guns organizaban orgías cuando viajaban, subías a su autobús y todo el mundo estaba en pelotas, veías gente follando a derecha e izquierda. Era muy… motivador (Risas).»

Reb Beach

Beach, guitarra de bandas como Winger, Dokken o Whitesnake resume en esa respuesta para el número de enero de 2019 de Guitar World buena parte de lo que fue la escena glam metal angelina: un desparrame absoluto. En tiempo récord, desde 1982 hasta finales de década, la ciudad de Los Angeles y más concretamente el circuito de clubs de Sunset Strip y alrededores vería desaparecer el hardcore de Black Flag o Circle Jerks en favor de un heavy metal que llevaría el concepto de desfase a niveles nunca vistos: sexo, drogas y una estética demencial que convertirían la capital californiana en una moderna Babilonia en la que estar de fiesta las veinticuatro horas del día. Como decía Vince Neil en la autobiografía de los Crüe: «Nos emborrachábamos, consumíamos ingentes cantidades de cocaína y paseábamos por el circuito calzando tacones de aguja, dando tumbos por todo el lugar. El Sunset Strip era un auténtico pozo de depravación».

Conciertos cada noche en los clubes, fiestas after en apartamentos convertidos en lupanares…y de día resacas, postureo y vuelta a empezar en estudios de tatuajes, tiendas de licores y hasta en salones de belleza: «Había un salón de bronceado –recuerda Stevie Rachelle, cantante de Tuff– que era muy popular; la mujer que lo regentaba estaba liada con muchos de los chicos de las bandas. Me acosté con ella. No en el salón, pero sé que había tipos que iban allí, se bronceaban y de paso conseguían una mamada ¡y encima no tenían que pagar!». Posiblemente fue la última época, hasta el día de hoy, en que el rock se mostró tan desprejuiciada y gloriosamente decadente.

POISON
Tío, pareces una tía

Como tantos otros en busca de fama y fortuna (trad: pasta y tías) en la tierra prometida, Poison en 1984 eran poco más que un grupo de patanes recién llegados a Tinseltown desde –en su caso particular– un agujero tan remoto como Mechanicsburg, Pensilvania.

Sin pasta y apenas sin contactos, el glamour de Los Angeles a mediados de los ochenta les deja tan impactados como al anciano labriego que ve el mar por primera vez: «Lo único que teníamos era la ropa que llevábamos y un sueño. Cuando finalmente llegamos al Strip, fue como '¡Hostia puta!' Pasamos conduciendo por delante del Rainbow, del Gazzarri's, del Roxy, del Whisky y habría como cien mil personas caminando. Y todas tenían el aspecto de tocar en una banda. Para un grupo de chicos de pueblo, aquello era demasiado».

Conjurados para llegar a estrellas costara lo que costase (y a fe que lo consiguieron), si por algo se hicieron famosos más allá de por su música es por sus pintas y su afición a las mujeres. Respecto a lo primero, si ya era difícil destacar por tu aspecto en lo que se dio en llamar Década de la Decadencia, Bret Michaels y sus muchachos consiguieron llevar el concepto de putón travestido hasta extremos difíciles de justificar. Pero paradójicamente y como ocurría con la mayoría de grupos del hard glam ochentero, su nulo concepto de lo varonil –en lo estético– se contrarrestaba con una libido y una afición por el género femenino rayando lo obsesivo.

Obsesión que provocó innumerables anécdotas a cual más chusca. En una ocasión al principio de su carrera, mudados del Tropicana (motel–meca de la pandilla de la laca) a un almacén que hacía las veces de comuna, contaba el batería Rikki Rockett que Michaels se presentó con dos mozas, las cuales se repartieron como buenos hermanos. Pero se ve que Bret se lo había pasado demasiado bien aquella tarde, y en cuanto empezaron a darle al tema el nivel de energía quedó a cero. Se quedó frito a media faena, vamos. Rockett lo recordaba así: «Yo estoy con esa chica y después de tres o cuatro minutos, me dice: '¿le pasa algo a tu cantante?' Y veo a Bret al otro lado de la habitación con su chica, que está medio gimoteando. Me acerqué y se había desmayado por completo. Sus pantalones estaban bajados y se había quedado dormido encima de ella, así que lo agarré por los pantalones y por el cuello de la camiseta y lo aparté. Fue como separar a dos perros, ya sabes».

Bonitos recuerdos de los viejos tiempos y las viejas aficiones, que mejoraron cuando la fama y los dólares llamaron a su puerta. De hecho eran conocidos por –según se decía– tener más fans entre las mujeres que entre los hombres. Fans, groupies... la línea que separaba ambos conceptos en aquellos tiempos era finísima y para muestra, el invento que se sacaron de la manga durante su gira de 1988. Enfrentados en una competición personal por ver quién se llevaba más favores femeninos, Michaels y Rockett idearon una técnica que consistía en enviar una cámara entre el público antes de los shows y entrevistar a toda tía buena que pillaran para ver, entre otras cosas, su disposición y preferencias. Más tarde la banda visionaba esas cintas y decidía a qué chicas iba a invitar al *backstage*.

Un procedimiento original y bien organizado, y es que en materia de sexo Poison eran tan serios y metódicos como el burócrata más disciplinado. Y si no me creen, piensen ustedes en que no hay muchas bandas –y menos antes de la era de Internet– que, como ellos, mantuvieran una base de datos de todas sus groupies en un ordenador. Clasificadas por ubicación y número de teléfono (más otros detalles de carácter más reservado), el sistema les permitía contactar con ellas de forma fácil y rápida cuando la gira de turno pasaba por una ciudad cuyo público femenino ya habían catado y categorizado. Lo de una novia en cada puerto, como si dijéramos, pero en plan heavy metal. El propio Bret Michaels reconoció en una ocasión que con ese sistema informático que les permitía contactar en cada ciudad con sus groupies favoritas, Poison fue «un grupo adelantado a su propio tiempo».

Y ciertamente, postulando la tecnología al servicio del vicio, lo fueron.

DOKKEN
Bajo el volcán

A finales de 1984 y mientras acompañaban a Dio en el tour de *The Last in Line*, Dokken recalaron en Hawai para una fecha en el Blaisdell Arena de Honolulu. Con su segundo disco –*Tooth and Nail*– recién editado, decidieron aprovechar su estancia en la isla y grabar un vídeo para el segundo single del álbum, «Just Got Lucky».

Mezclando material de estudio y en directo, se les ocurrió asimismo la brillante idea de ir a filmar el solo de guitarra en lo alto de un volcán en activo. ¿Qué podía salir mal? Pues evidentemente, que al volcán le diera por despertar. En palabras de George Lynch, guitarra de la banda «estuvimos allí tanto tiempo que la actividad sísmica empezó. Todos los demás habían abandonado el parque, pero nosotros estábamos tan apartados que no nos enteramos. El vapor comenzó a subir, era difícil respirar. Luego mis zapatos se hundieron un poco a través de la corteza de lava hasta el magma caliente debajo. Pude sentir el calor y pensé: «¿Esto es normal?».

Normal no era, obviamente, pero en un magnífico y combinado alarde de profesionalidad e insensatez Lynch siguió tocando y las cámaras filmando hasta que poco a poco fue anocheciendo. Fue entonces cuando los guardias llegaron hasta ellos y conminaron a todos a salir de allí inmediatamente. Todavía estaban en el avión, camino de vuelta, cuando el cráter empezó a vomitar fuego. Así que ya saben, busquen el vídeo de «Just Got Lucky» y disfruten de un magnífico tema a la vez que de la emoción de conocer la verdadera historia de ese solo, que bien podría haber sido el último de la banda.

FASTER PUSSYCAT
Heroína por correo

En 1989 Faster Pussycat estaban en la cresta de la ola. *Wake Me When It's Over*, su segundo álbum, había sido certificado oro, aupado por un single tan infalible como «House of Pain». Y fue durante el tour de presentación del disco al año siguiente cuando Mark Michals, su batería, protagonizó uno de los episodios más chapuceros de la historia del sleaze.

En plena gira por el medio oeste, Michals comunicó al resto de la banda que iba a viajar un día antes y por su cuenta hasta el siguiente destino, que no era otro que Omaha, Nebraska. El motivo oficial era que quería asistir a una fiesta que iban a montar allí con los pipas y parte del equipo técnico, con lo cual nadie puso pegas. El motivo real, no obstante, es que el muy ladino se había hecho enviar a la habitación del hotel de Omaha, a su nombre, un discreto paquetito repleto de heroína; y obviamente quería recepcionarlo cuanto antes y lejos de miradas indiscretas. Algunas fuentes afirman que en vez de a su atención, lo había hecho enviar a nombre del bajista de la banda, Eric Stacy.

Irrelevante en cualquier caso para lo que ocurrió *a posteriori*: una pillada de las que hacen época. En algún punto entre el servicio postal y el hotel alguien detectó el caballo, y Michals fue arrestado. Y así cuando el resto del grupo llegó a la ciudad el día del concierto se encontró con su batería entre rejas y sin la pasta suficiente para pagar la fianza. Se las apañaron como pudieron contratando a Frankie Banali de Quiet Riot para el resto de la gira, al tiempo que le presentaban el finiquito a Michals. Porque en aquella escena chutarse era parte del plan, pero dejar colgado a tu grupo en mitad de una gira era algo imperdonable.

CELTIC FROST
Escapando del pandemonium

Si había una banda en los ochenta que los fans del heavy metal jamás hubieran imaginado surcando los procelosos mares de la laca, esa era Celtic Frost. Tanto con su debut *Morbid Tales* (1984) como muy especialmente con los extraordinarios *To Mega Therion* (1985) e *Into The Pandemonium* (1987), los suizos habían sentado las bases para buena parte del metal extremo que habría de sucederles. Oscuros, barrocos y experimentales, sin ellos costaría entender el death y el black tal y como los conocemos. Pero he aquí que tras una serie de tensiones internas la banda se disolvió... ¡para volver convertida en un grupo de puro hair metal! Su *frontman* Tom Gabriel Fischer, más conocido por Tom Warrior, reclutó nuevos músicos y se presentó en sociedad apenas seis meses después de la ruptura con el pelo cardado, rimmel de putón y un disco de glam metal –*Cold Lake*, (1988)– que dejó a la plana mayor de sus fans ya no con el culo torcido, sino totalmente desintegrado. Una puñalada mortal a su carrera de la que ya no se recuperaron.

W.A.S.P
Carne cruda

Lo primero para hablar de W.A.S.P es aclarar de una vez por todas que sus siglas no significan nada en absoluto. Durante años y años los fans difundieron teorías y rumores, desde «We Are Satan's People» o su variación «We Are Satan's Preachers», a «White Anglo Saxon Protestants» (la cual yo creí cierta hasta mediados de los noventa) o una de las más clásicas: «We Are Sexual Perverts», frase grabada en el vinilo de su primer álbum. Pero por confundir más que nada, porque Blackie Lawless nunca ha dado una respuesta concreta al asunto, reconociendo que ideó lo de las siglas separadas por puntos para que cada uno imaginara lo que quisiera.

Bestias negras de Tipper Gore y su aquelarre censor, W.A.S.P irrumpieron en la escena angelina de mediados de los ochenta con una imagen, unas letras y una puesta en escena deliberadamente provocadoras. Inspirándose –según sus propias declaraciones– en el concepto de psicodrama, la mentalidad circense y alborotadora de Blackie se sacó de la manga varios trucos que iban a definir sus primeros años en directo. Uno de los más conocidos e impactantes lo puso en práctica ya en su segundo bolo como banda en septiembre de 1982 en el famoso  Troubadour: el troceo y lanzamiento de pedazos de carne cruda al público, que por supuesto los recibían alborozados. Un número pegajoso y sanguinolento que las audiencias pronto convirtieron en recíproco, ya fuera devolviendo los bistecs al escenario o pasando ellos mismos por la carnicería antes del show. Por lo que se cuenta una de las piezas favoritas de los fans era el hígado, generalmente más económico que un entrecot, no digamos ya un solomillo. Si bien esta práctica no comportaba mucho más riesgo que el de acabar unos y otros pringados de sangre bovina (Blackie también popularizaría el numerito de beberla de un cráneo), en un concierto en Finlandia en 1984 alguien lanzó un pedazo enorme de carne congelada a Chris Holmes, guitarra de la banda. Acababan de empezar un nuevo tema y Blackie se giró

a ver por qué Holmes no estaba tocando, y se lo encontró en el suelo ¡no-
queado por un pedazo de chuletón sin descongelar!

Su afición por la hemoglobina les llevó a abanderar una curiosa iniciativa
en 1983. Consolidados ya como un nombre importante en la escena metálica de Los Angeles, el club Troubadour les ofreció diez mil dólares para
tres conciertos consecutivos en junio, y Blackie se sacó de la manga una
buena idea para promocionar los bolos: se publicitarían como un baño de
sangre, aunque en realidad lo que anunciaban los carteles y los flyers era que
W.A.S.P. y la Cruz Roja habían llegado a un acuerdo por el cual cada fan que
donara medio litro de sangre en el tráiler aparcado a la entrada, conseguiría
una entrada a mitad de precio. Los responsables de la Cruz Roja estuvieron
a punto de echarse atrás en el último minuto cuando alguien les informó
de las veleidades sanguinolentas de la banda en escena, pero finalmente se
les convenció y el *Heavy Metal Blood Drive* salió adelante con teloneros de
postín además, caso de Overkill, Odin o Witch.

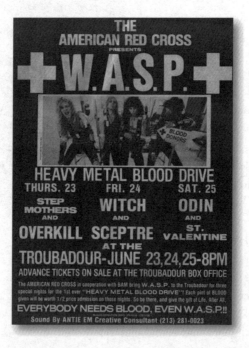

La indumentaria de la banda seguía los patrones más o menos básicos del
hair metal aunque en el caso de Blackie incluía un complemento estupen-
do en la forma de una cojonera de la que sobresalía una sierra circular y/o
fuegos artificiales a pequeña escala. Cojonera que había ilustrado la portada
de su primer y más famoso single «Animal (F**k Like A Beast)», por cierto.

Pero el número estrella de la función en la primera gira de la banda era sin duda alguna la tortura y ejecución de una modelo en escena. A mitad del tema «Tormentor», Blackie destapaba una estructura semejante a un patíbulo sobre la cual aparecía una chica semidesnuda, atada de pies y manos y encapuchada. Cual verdugo sediento de sangre, el cantante simulaba cortar la garganta de la mujer, sangre de pega por aquí y por allá y aplausos mil. Un numerito impensable hoy día pero que también causó una notable controversia en su momento, provocando cancelaciones y prohibiciones en numerosos lugares. Todo ello llevó a la banda a descartarlo para los tours sucesivos hasta recuperarlo en una memorable actuación en el Monsters of Rock de Donington Castle en 1987, que hubiera sido todavía más recordada si hubieran podido llevar a cabo todo lo que tenían planeado. En palabras de Blackie: «Le cortamos la garganta a la chica, cerramos las puertas del patíbulo, y todos piensan que está hecho. Pero durante la siguiente canción abro las puertas de nuevo, la desato y la cargo sobre mi hombro. Aparece otra caja oculta desde el otro lado del escenario, la echo dentro y le doy a un botón… ¡y la escupe a trozos por encima de todo el público!»

Al parecer tanto el PMRC como el mánager de Bon Jovi (cabezas de cartel) les dijeron que ni de coña, si estaban locos o qué, así que tuvieron que contentarse con el primer paso y gracias.

En fin, historias de W.A.S.P. hay para dar y vender, pero se nos acaba el espacio y apenas si nos queda tiempo para un dato curioso que tal vez algunos de ustedes desconozcan: Lawless –a requerimiento del propio Schwarzenegger – fue candidato a interpretar al T–1000 en *Terminator 2: Judgment Day*, pero finalmente no consiguió el trabajo… ¡debido a su altura! Blackie mide metro noventa y cinco y el papel que finalmente interpretó Robert Patrick había sido escrito pensando en alguien que pudiera pasar desapercibido entre la gente. Definitivamente, no es ese el caso de Mr. Lawless.

GREAT WHITE
La banda con peor suerte del mundo

Jueves 20 de febrero de 2003. La banda californiana Great White sale al pequeño escenario del club The Station y ataca su éxito de 1991 «Desert Moon», mientras a su espalda se disparan una serie de fuegos artificiales. Pocos segundos después, unas chispas de los mismos prenden en un lateral del escenario y se desata el infierno. La espuma del aislamiento acústico en paredes y techo arde a velocidad de vértigo, en menos de un minuto y medio el local está inundado de un humo tan denso como tóxico. El público que no ha logrado salir en los primeros instantes se encuentra en una ratonera, más cuando la mayoría trata de escapar por la entrada principal, quedando atascados en una pequeña avalancha en la misma puerta de salida. Cinco minutos más tarde el edificio entero es una pira y las dotaciones de bomberos que llegan no pueden hacer absolutamente nada.

Entre las víctimas –la gran mayoría personas de entre el público– se encontró también el entonces guitarrista del grupo Ty Longley, del que se cree que en primera instancia pudo escapar por la salida tras el escenario pero que volvió a entrar para recuperar su guitarra. Toda la tragedia fue grabada en vídeo por Brian Butler de la WPRI–TV de Providence y emitida por las televisiones de medio mundo a la mañana siguiente; las imágenes aun habiéndose visto varias veces, siguen poniendo los pelos de punta al revisarlas. El número de víctimas mortales ascendió finalmente a cien, con más de doscientos heridos, muchos de gravedad. Tan solo ciento treinta y dos asistentes pudieron escapar indemnes...físicamente, porque una buena parte de ellos experimentaron trastornos de estrés postraumático.

Daniel Biechele, tour mánager de la banda y responsable de la pirotecnia y los hermanos Michael y Jeffrey Derderian, dueños de The Station, fueron condenados a varios años de prisión por su responsabilidad en lo acontecido, pero solo cumplieron una pequeña parte de las mismas al dejar el juez las penas en suspenso. Great White por su parte pusieron en marcha una gira benéfica unos meses después, parte de cuyos beneficios destinaron a la fundación creada a raíz de la tragedia.

La guerra de los flyers

Hoy día basta conectarse a cualquier agenda *online* para enterarse de los conciertos de tu ciudad, tu país y del mundo entero. Pero en los ochenta no era así, obviamente. En un entorno tan competitivo, tan lleno de ratas y navajazos como el de Los Angeles, si querías atraer a la gente al club en que ibas a tocar solo podías pagar un anuncio en alguno de los periódicos locales o, si preferías gastarte esa pasta en farlopa o caballo, moverte a base de posters y flyers. De la copistería a la calle, así pasaban la mitad del tiempo las bandas de glam metal. Según George Lynch «pegábamos nuestros carteles en postes de teléfono y otra banda venía un par de horas más tarde, te los arrancaba y ponía los suyos».

¿Cómo destacar pues entre tanto papelote? «Tu promoción tenía que ser un poco guarra y grosera para llamar la atención», aseguraba el guitarrista de Warrant Jerry Dixon a L.A. Weekly. «Si te limitabas a poner una bonita foto con todo el grupo muy feliz, no iba a aparecer nadie en tu bolo. Así que empezamos a ser tan groseros como fuera posible en los flyers y se nos ocurrieron algunos eslogans creativos según el show». ¿Algunos ejemplos? «El Equipo de Comecoños número Uno en L.A.» o «Calidad que puedes saborear», este último acompañado de tomas individuales de los cinco miembros de Warrant posando con el rostro de una mujer chafado en su entrepierna. Sutil ¿eh?

Cuentan no obstante que los reyes indiscutibles del flyer eran Poison: «Salíamos a medianoche –dice Brett Michaels– empapelábamos la ciudad y desaparecíamos por la mañana. Te topabas con tías cachondas en el parking del Rainbow, les pedías posar para una sesión de fotos frente a un muro de ladrillo, y ya tenías foto para el próximo flyer». Por cierto que el clásico logotipo de Poison, color verde lima, nació como resultado de su precaria economía por entonces. De nuevo según Michaels fueron a una copistería llamada Sir Speedy en Santa Monica Blvd. y pidieron papel blanco, pero era demasiado caro. Amarilllo... también demasiada pasta. Hasta que les dijeron que tenían una gran cantidad de papel verde fluorescente que no se sacaban de encima ni a la de tres: «lo cogimos todo por unos pocos dólares y se convirtió en nuestro color».

PORTADAS CON HISTORIA
SKID ROW
Slave To The Grind
(Atlantic Records, 1991)

Una instantánea en contrastado blanco y negro, con la banda posando en un oscuro callejón, entre lo nocturno y lo marginal. La portada del primer disco homónimo de Skid Row seguía las pautas más o menos establecidas en el contexto del hard'n'heavy de finales de los años ochenta. Pero lo que nadie esperaba es que para su continuación, dos años más tarde, el grupo se presentara con una imagen radicalmente distinta. *Slave To The Grind* descolocó –en su parte gráfica– a todos aquellos que se fijan en los álbumes como un todo; forma y fondo, continente y contenido. Y los descolocó con una imagen tan extraña como atractiva, que en un principio nadie supo reconocer ni identificar salvo, tal vez, algún que otro fan que hubiera sacado buenas notas en Historia del Arte. Porque lo que la carátula ofrecía no era otra cosa que una variante «tuneada» de una conocida pintura del Barroco: *El Entierro de Santa Lucía*, de Michelangelo Merisi, más conocido por el nombre de su localidad natal Caravaggio. Y la pregunta es ¿qué pinta un cuadro de 1608 ilustrando el segundo trabajo de unos peludos macarrillas de Nueva Jersey? Vale que el amigo Caravaggio es conocido, aparte de por su maestría con los pinceles, por haber llevado una vida más que turbulenta, pero la conexión se antoja demasiado peregrina. La respuesta la tenemos en David Bierk, padre del cantante de la banda Sebastian Bach, un pintor reconocido por sus trabajos de reinterpretación de los clásicos, de Vermeer a Manet o Fantin–Latour entre varios otros.

Siguiendo con su peculiar técnica, Bierk tomó y rediseñó el clásico de Caravaggio convirtiéndolo en un extenso mural cuya parte frontal ocupa la portada del disco, pero que continúa en el libreto, mezclando indumentarias clásicas y actuales e incluyendo algún personaje histórico, caso de J.F. Kennedy. No sería la última colaboración del artista con Skid Row. En el libreto interior del siguiente disco de la banda, *Subhuman Race* (1995) aportaría una variante del famoso lienzo de Goya *Saturno Devorando a su Hijo* mezclado con un detalle de *El Juicio Final* de Miguel Ángel en la Capilla Sixtina, en el que se representa a Caronte, el barquero del Hades. Y para la carrera en solitario de su hijo aportó diversos trabajos en *Bring 'Em Bach Alive!* (1999), *Angel Down* (2007) y *Give 'Em Hell* (2014).

XVII. MANOWAR
El maravilloso mundo de los récords

Cualquier metalhead que se precie de tal a buen seguro guarda en su corazón y en sus estanterías un rincón para los auténticos reyes del true metal, los únicos e inimitables Manowar. Viril y poderosa como pocas, la banda de Eric Adams y Joey DeMaio ha llevado la mitología nórdica y la épica motera a cotas altísimas. Tan altas como su volumen en directo, que les ha valido el epíteto de «banda más ruidosa del mundo», extremo avalado desde 1984 por el Libro Guinness. Un récord que ellos mismos superaron diez años más tarde en Hannover (Alemania) al alcanzar los 129.5 decibelios durante el *Fighting the World Tour* y por tercera vez en 2008 durante una prueba de sonido en el *Magic Circle Festival*, donde lograron registrar la demencial cifra de 139 decibelios.

Considerando que el límite del umbral de audición se encuentra en 130 decibelios, siendo este el umbral de dolor donde el volumen empieza a causar daños serios al oído, no es de extrañar que el libro Guinness no reconozca los dos últimos récords, al dejar de incluir tiempo atrás la categoría de marras para no incentivar el daño auditivo. Aun así esta afición por machacar los tímpanos del personal va en consonancia con el conocido eslogan de la banda que reza «when other bands play, Manowar kills». Y si no te mata, al menos te deja jadeando como un perro cuando sientes en el tórax ese clásico golpeteo de las frecuencias bajas a volumen infernal.

¿A qué hora acaba esto?

Pero su afición por el exceso no terminaría ahí. Ese mismo año 2008 conseguirían el record al concierto más largo de una banda de heavy metal durante la primera noche del Kaliakra Rock Festival celebrado en Kavarna, Bulgaria. Habiendo anunciado previamente a sus fans que pretendían batir su propio récord del año anterior en el mismo escenario –tres horitas de nada– los reyes del metal se plantaron frente a una audiencia de más de veinte mil espectadores y durante nada menos que cuatro horas y media repasaron toda su discografía en un set list de cuarenta canciones que incluyó partes conjuntas con la sección de cuerda y los coros de la Sofia Philharmonic Orchestra, fuegos artificiales, el himno nacional búlgaro y hasta la presencia en escena del alcalde de Kavarna, Tsonko Tsonev, conocido entre sus parroquianos como «el alcalde del metal».

Y cuando tras esos doscientos setenta minutos de show –que se dice pronto– Manowar anunció que se había establecido un nuevo récord y parecía que todo había terminado, mientras los fans iban desfilando ya con las luces del estadio encendidas, nuestros queridos vikingos volvieron a escena para rematar a sus felices y exhaustos seguidores con un bis de media hora más, hasta finalmente despedir una de las más desmesuradas ceremonias metálicas de la Historia justo cinco horas y un minuto después de su inicio.

En cualquier caso de todas las historias que jalonan la trayectoria de Manowar, personalmente siento debilidad por tres de ellas, cuyo nexo común es relacionarles con unos personajes de lo más improbable dentro de la escena metálica.

La potente voz de Orson Welles

La primera se remonta a 1982, durante las sesiones de grabación de su debut *Battle Hymns*. Mientras componían «Dark Avenger», alguien pensó que el pasaje narrado a mitad del tema necesitaba una voz potente y carismática, así que su sello se puso en contacto con el mánager de Orson Welles preguntándole si estaría dispuesto a colaborar en la canción; por lo que cuentan las crónicas al mítico director le gustó el concepto de la banda, aceptando recitar unos versos en el disco, que encajaron como un guante: su profunda y personal voz hablando de una espada llamada Venganza, forjada en azufre y templada con las lágrimas de los que no han sido vengados es puro heavy, puro Manowar.

En las mismas sesiones Welles registraría su voz para otro tema, «Defender», que sería incluido cinco años más tarde en su quinto álbum *Fighting the World*, con el cineasta ya fallecido, así como la famosa intro para sus conciertos: *Ladies and gentlemen, from the United States of America, all hail Manowar.*

Una foto, señor Osborne

Y si el viejo Orson era –a priori– un nombre que nadie hubiera relacionado con el heavy metal, el de nuestro segundo protagonista todavía menos. Pero existen testimonios y una nítida y gloriosa fotografía que confirman que hubo un día en el planeta Tierra –el año 2002 concretamente– en que Manowar y Bertín Osborne coincidieron en el mismo sitio, se conocieron fugazmente y la diosa Fortuna quiso que se inmortalizara el momento. Una versión que circuló una vez se hizo pública la inefable instantánea es que el famoso presentador y cantante español se encontraba hospedado en un hotel de Los Angeles cuando recibió una llamada en su habitación diciendo que había unos músicos famosos en el lobby deseando conocerle. Bertín baja a recepción y se encuentra con nuestros amigos, que le cuentan que la madre de Joey es una gran fan suya. Una pequeña y cordial charla, una foto y en estas que los chicos deciden invitarle a unirse a ellos en escena próximamente para interpretar juntos el «Nessum Dorma», propuesta que él acepta encantado, llegando incluso a grabar una versión de otro tema de Manowar en su disco *Bendita América* (2004).

Pero como ocurre tantas veces, la historia no fue exactamente así. Para empezar la localización es errónea: el encuentro se produjo durante un acto promocional del grupo en el hotel Palace de Madrid. Al parecer Bertín Osborne estaba tomando algo allí también y alguien –un periodista según algunas fuentes– le convenció de hacerse una foto con el grupo, inventándose la historia de que la madre de uno de ellos era muy fan suya. Parece que en la invitación a unirse a ellos en un directo puede haber parte de verdad, pero lo que está claro es que nunca se llevó a cabo. Y poco más hay que contar; un encuentro fortuito, tan cordial como estrambótico, convertido inevitablemente en leyenda urbana como no podía ser menos tratándose de tan estratosférica reunión de machos alfa.

La Orden de Malta

El tercer personaje en discordia en esta sucesión de encuentros marcianos es nada menos que Josep Carreras, el famoso tenor catalán hoy día retirado. Para ponernos en situación lo primero es informar de que en 2005 Joey di Maio fue nombrado Caballero de la orden de Malta, una de esas organizaciones un tanto etéreas, rodeadas tanto de Historia como de misterio y que nadie –excepto los conspiranoicos de turno– tiene muy claro a qué se dedican exactamente. Su vertiente humanitaria y filantrópica no es ningún secreto, no obstante, y ahí entra en escena nuestro vikingo favorito: «Mucha gente no lo sabe, pero he sido un miembro de la Orden de Malta desde hace varios años y también soy parte del gobierno en lo que concierne a actividades para la juventud, soy Ministro. Es una organización caritativa. Proveemos equipamiento médico que la gente pueda necesitar y otros tipos de labores humanitarias que yo no suelo publicitar. Me pidieron que le entregara un premio al maestro Carreras por su trabajo humanitario, ayudando a niños desde su Fundación». Y así fue como el 20 de julio de 2008 en la ciudad rumana de Timisoara, en plena Transilvania, las cámaras allí presentes inmortalizaron al bajista de Manowar, endomingado con capa y armiño, entregando un premio a una de las voces más conocidas de la ópera del siglo xx.

Pero dejemos por el momento a Manowar y sus curiosas amistades y volvamos al tema de los récords, porque por supuesto ellos no son los únicos en el mundo del metal que han visto su nombre inmortalizado en las páginas del Libro Guinness. Y es que ¿alguna vez se han preguntado ustedes cuál es el vídeo más corto de una canción de heavy metal? ¿el lugar más extremo donde se ha celebrado un concierto? o incluso ¿qué banda ha hecho más conciertos en un solo día? Para saciar su sed de conocimiento nos hemos permitido seleccionar para ustedes seis de los récords más divertidos y sorprendentes.

GUINNESS METÁLICOS

Hace frío aquí arriba

Octubre de 2014. La banda de metal industrial The Defiled vuela a Islandia y de ahí a la isla de Kulusuk y se pasa un par de días inspeccionando el terreno (con ayuda de expertos, obviamente) hasta localizar aquello que andaban buscando: un iceberg lo suficientemente grande para servir de tablas a un concierto dentro de las llamadas *Ice Cold Gig Series* promocionadas por Jägermeister, el digestivo del nuevo milenio.

Con ayuda de la población local, los londinenses finalmente embarcaron equipo y personal, montaron el «escenario» y ante una audiencia de unos pocos valientes a bordo de unos botes anclados junto al iceberg tocaron durante treinta minutos un set basado en *Daggers*, su disco de 2013. Hacer el chiste de que no consiguieron caldear el ambiente se antoja obligado, así como apuntar que, por supuesto, entraron en el libro Guinness como la primera banda en llevar a cabo una chaladura tal.

Hace calor aquí abajo

Las estrategias comerciales a la hora de presentar un nuevo lanzamiento discográfico son tan antiguas como el propio negocio. Darle un plus de sorpresa o de extravagancia al concierto de presentación de un disco nunca está de más y si llevas las cosas al límite, puedes incluso ganarte un rincón en el libro Guinness. Tal hicieron los heavys finlandeses Agonizer para el show que presentaba su álbum de debut *Birth / The End* el 4 de agosto de 2007 al ofrecer un concierto en Pyhäsalmi, la mina de cinc y cobre más profunda de Europa, a nada menos que 1.271 metros bajo el nivel del mar. Y con ello, vino adjunto el récord de concierto a más profundidad bajo tierra. Por obvias razones de seguridad el concierto al parecer solo fue accesible para unos pocos humanos, trolls y morlocks. Al año siguiente Queens of The Stone Age intentó algo similar en una antigua mina de sal de Erfurt, Alemania, pero se quedaron en unos ridículos 700 metros de nada.

Visto y no visto

El grindcore tiene diversas virtudes, al menos entre sus seguidores (entre los que reconozco no contarme), pero digamos que la sutileza no es una de ellas. Género cafre y extremo por definición, el humor pasado de rosca del que suelen hacer gala muchas de las bandas del estilo se vio plasmado en 2001 con el récord conseguido por los neoyorkinos Brutal Truth. La banda del bajista Dan Lilker (ex–Anthrax, Nuclear Assault y Stormtroopers of Death) consiguió entrar en el Guinness en la categoría de clip más corto de la historia con el tema «Collateral Damage», un glorioso exabrupto de 2.18 segundos durante los que vemos –o al menos lo intentamos– cuarenta y ocho imágenes a velocidad de vértigo, finalizando con una explosión.

Pero Brutal Truth conservaría la corona solo hasta 2007, año en que los británicos Napalm Death les arrebatarían el título con el clip de «You Suffer», un viejo tema incluido en su debut *Scum* (1987) que consistía en una niña saltando con lo que parecen impactos de sangre sobreimpresionados; y de fondo, por supuesto, un alarido infrahumano. ¿Tiempo? 1.316 segundos.

En el libro *Precious Metal: Decibel Presents the Stories Behind 25 Extreme Metal Masterpieces* Justin Broadrick, guitarra de la banda en sus inicios, reconocía que «You Suffer» era en gran parte una especie de comedia, una canción de un segundo. Algo totalmente retrasado. Es ridículo, pero fue hilarante».

¿Aquí cuándo se duerme?

Los sureños Jackyl son conocidos por haber parido unos cuantos potentes álbumes de southern metal tanto como por las performances de su líder, el inefable Jesse James Dupree, «tocando» una sierra mecánica durante su clásico «The Lumberjack». Pero aparte de ello, si hay un título que enarbolan con orgullo es el de Banda más Currante del Mundo. Y no gratuitamente, sino certificado por el libro Guinness en base a dos records insuperados a día de hoy: uno por haber conseguido ofrecer cien conciertos en cincuenta días, y el segundo por veintiún conciertos ¡en tan solo veinticuatro horas!

¿Cuándo duermen esta gente? Difícil decirlo… Lo único que sabemos es que entre el doce de septiembre y el 31 de octubre de 1998 se cascaron ese centenar de shows en Estados Unidos–a dos por día– en la que sin duda ha sido la gira más apretada e intensa de la Historia del heavy metal: 100 conciertos en cincuenta y nueve ciudades de veintiséis estados distintos. Los bolos durante el día tenían una duración de cuarenta y cinco minutos, mientras que los segundos ya de noches oscilaban entre la hora y media y las dos horas.

Pero no contentos con conseguir tal salvajada, volvieron al Guinness con una serie ininterrumpida de conciertos en Texas durante tan solo veinticuatro horas. Y es que como dijo Dupree en una entrevista, «una banda de verdad vive en la carretera». En su caso y durante unas semanas, literalmente.

Si Julio Verne levantara la cabeza...

En 1995 Def Leppard editaron la antología *Vault: Def Leppard Greatest Hits (1980–1995)* y como parte de la promoción del álbum se les ocurrió la idea de ofrecer tres conciertos acústicos en tres países distintos... en menos de veinticuatro horas. Una idea ya de por sí difícil de llevar a cabo, que complicaron más si cabe haciendo que esas ciudades estuvieran en tres continentes distintos.

Así, el 23 de octubre subieron al escenario en Tánger, Marruecos, para volar tras el show a Londres. Una vez terminado el concierto en la capital británica, de nuevo a la carrera hacia el aeropuerto para un viaje transoceánico de nueve horas hasta aterrizar en Vancouver. Allí terminaron el reto –ayudados por la diferencia horaria– ante el público canadiense y de ese modo consiguieron ver su nombre inscrito en las páginas del Guinness.

Congélalos a todos

Y si Def Leppard consiguió actuar en tres continentes distintos en menos de veinticuatro horas... ¿qué nos queda? Pues otro récord parecido. El que consiguió Metallica el 8 de diciembre de 2013 al conseguir ser la primera banda en haber tocado en los siete continentes. Y lo hizo montando un peculiar concierto –cachondamente bautizado como *Freeze 'Em All*– en la base Carlini, una estación científica argentina en el archipiélago de las Shetland del Sur, en la Antártida.

Como es lógico no se trató de un concierto al uso ante decenas de miles de seguidores, sino más bien un show privado ante poco más de un centenar de científicos y unos cuantos suertudos agraciados previamente por sorteo. Y como por ahí abajo las temperaturas suelen ser bastante rigurosas y el ecosistema un tanto frágil se construyó una cúpula transparente para proteger del viento y la nieve, los amplis se encastaron en cajas y el sonido llegó al público a través de auriculares. Con lo tranquilos que estaban los pingüinos...

Thor, trueno en la tundra

Los músculos untados en aceite y los taparrabos de piel de mamut que definen la imagen de los fornidos muchachos de Manowar tienen un precedente inmediato en la figura de Jon Thor Mikl. Este ex culturista nacido en Vancouver pasó buena parte de sus años mozos en concursos de forzudos (Mister Universo y todas esas cosas) llegando a cosechar varias docenas de premios a nivel internacional hasta que a finales de los setenta fundó su propia banda de heavy metal bajo el nombre de Thor, estrenándose con *Keep the Dogs Away* (1977), un clásico imprescindible para cualquier fan de la tercera división. Con una imagen de guerrero a lo Conan y su inseparable martillo, Thor transitó durante los ochenta –su época más prolífica– y las siguientes décadas tratando de facturar himnos de estadio que, por desgracia, se quedaban más bien como tonadillas de gimnasio. Inasequible al desaliento, leyendo entrevistas con él uno llega a la conclusión de que –aparte de ser un muy buen tipo– siempre ha creído a pies juntillas en su música y su personaje, incluso en los momentos más estrambóticos y delirantes, que no son pocos.

Thor ideó una serie de trucos en escena relacionados con su afición a las mancuernas que incluían doblar barras de acero con los dientes, hacerse romper ladrillos sobre su torso y, tal vez su número más famoso, soplar botellas de agua caliente –de esas que te ponía tu abuela en la cama cuando bajabas al pueblo– hasta hacerlas estallar. A este respecto hubo una ocasión en que la bolsa del demonio se negaba a petar y se hinchó de tal manera que cuando el pobre Thor, casi desfallecido de tanto soplar, consiguió reventarla, la deflagración lo mandó varios metros para atrás sobre el escenario.

La diversión estaba asegurada con él en escena, sus shows eran pura fantasía de papel cartón, pero fuera de la misma tampoco puede decirse que se aburriera. Participó en algunas de las películas más cochambrosas de los años ochenta –*Recruits* (1986), *Zombie Nightmare* (1986), *Rock 'n' Roll Nightmare* (1987)–, protagonizó uno de los mejores momentos de la historia del heavy metal en *Thor versus Cronos* (1984), una hilarante fotonovela en la que se enfrenta, efectivamente, al cantante de Venom y firmó algunos videoclips que le dieron al término «cutre» toda una nueva dimensión. Busquen, si no lo conocen, el vídeo para su tema «Anger» y suspendan la incredulidad como nunca lo hayan hecho.

En 2015 se estrenó *I Am Thor*, un documental tan entrañable como patético; el siguiente e imprescindible paso para todos aquellos que tras *Anvil: The Story of Anvil* (2008) anden a la búsqueda de emociones fuertes. Y es que como leí una vez hace años, «lo malo de Thor es que se lo toma tan en serio que te da un poco de pena».

XVIII. BLACK METAL
Arde Noruega

Al black metal, digámoslo de entrada, hay que darle de comer aparte. De entre todos los géneros en los que se puede dividir y subdividir el metal extremo, las bandas y artistas adscritos al black metal son de largo los protagonistas de las historias más burras, salvajes y demenciales que uno pueda imaginar: suicidios, torturas, quema de iglesias, asesinatos… casi todo lo que una mente ávida de morbo, sangre y mal rollo pueda buscar, lo encontrará entre sus huestes.

¿Que muchas veces la parte oscura de su historia ha soterrado sus méritos musicales, que no son pocos? Puede, pero no para un servidor ni, espero, para todos aquellos de ustedes que sepan discernir entre forma y fondo. O que, en su defecto, disfruten de todos esos magníficos discos simplemente poniéndolos en el contexto adecuado.

Pero aquí no estamos para hablar de obras maestras del género como *A Blaze in the Northern Sky* (1992), *De Mysteriis Dom Sathanas* (1994), *Hvis Lyset Tar Oss* (1994), *In the Nightside Eclipse* (1994) y tantas otras. Ni tampoco para disertar sobre la primera hornada del estilo en los ochenta y la influencia de bandas pioneras como Venom, Bathory, Hellhammer o Celtic Frost. Para eso ya hay otros y muy buenos libros. Nuestra intención es centrarnos en esa escena que a principios de los noventa y desde Noruega casi exclusivamente vino a llamarse la «segunda ola» del black metal, porque en su seno se gestaron y desarrollaron algunas de las atrocidades más sorprendentes e increíbles que haya dado el heavy metal en sus ya muchas décadas de historia.

Sumerjámonos pues en el siniestro, caótico y en algunos casos hasta criminal anecdotario de bandas como Burzum, Mayhem, Emperor, Darkthrone, Immortal, Gorgoroth o Satyricon. Rebusquemos entre puñaladas traperas y maquillaje mortuorio, entre paganismo, nazismo y antorchas para ofrecer la vertiente más desquiciada y decadente de un género varios de cuyos adalides no solo parecían unos dementes. En realidad, lo eran.

Parte uno: «Perdón por toda la sangre»

Empezaremos, con su permiso, poniendo el listón relativamente alto con una historia que ya es leyenda: la del nacimiento de Mayhem y el prematuro final de su cantante Per Yngve Ohlin, más conocido como Dead. Nacido en Estocolmo y proveniente de la escena black/death sueca, Dead contactó con Mayhem –que ya llevaban unos añitos tratando de salir adelante en su Oslo natal– y a principios de 1989 entraba cubriendo la vacante de vocalista. Casi desde el primer momento tanto sus compañeros en la banda como el resto de personas que lo trataron de un modo u otro se dieron cuenta de que había algo muy oscuro en la personalidad de Dead, una mezcla de introspección y melancolía extremas, recubiertas por una constante e insana fascinación por la muerte (obviamente no se puso el apodo al azar). Una fascinación que le llevaba a enterrar su ropa antes de algunos conciertos para subir luego al escenario con ella sintiendo la característica humedad y podredumbre de las tumbas. Se cuenta también que almacenaba pájaros y roedores muertos bajo su cama y que solía llevar en su bolsillo los restos podridos de un cuervo en una

Dead, el cantante que nació muerto.

bolsa de plástico para abrirla, aspirar y subir al escenario –donde solía infligirse heridas en brazos y torso– con el hedor de la muerte en las fosas nasales. Un tipo alegre y dicharachero como pocos, convendrán ustedes.

No es de extrañar pues que se le considere pionero en hacer uso del llamado *corpse paint* con el propósito expreso de parecer un fiambre. Una estética usada en el pasado por varios artistas, basada en el maquillaje blanco y negro y que la escena adoptó con entusiasmo convirtiéndola en una de sus señas de identidad casi de inmediato.

Pero la errática conducta de Dead fue empeorando. Conforme pasaban los meses ya no se mutilaba solo en escena sino también en los ensayos o simplemente cuando estaba junto al resto de la banda. Ayunaba varios días para tener un aspecto más cadavérico y estaba convencido de que, simplemente, la sangre en sus venas estaba congelada y él, muerto. Así las cosas, a principios

de 1991 y junto a dos de sus compañeros en Mayhem –Euronymous y Hellhammer– se traslada a una casa en el bosque, cerca de Kråkstad, que hará
las veces de vivienda y local de ensayo. En la soledad de aquel lugar apartado
Dead fue recluyéndose más y más en sí mismo, cayendo en una profunda depresión a la que no ayudaba su difícil relación con Euronymous, otro figura
del que nos ocuparemos más adelante. Todo aquello no podía acabar bien y
obviamente no lo hizo. El día 8 de abril, estando solo en casa, Dead trató
de suicidarse cortándose la garganta y las muñecas con un cuchillo pero al
parecer la cosa no salió bien y optó por descerrajarse un disparo en la cabeza
con una escopeta.

Hasta aquí todo normal, por decirlo de alguna manera. Un artista con
tendencias depresivas que se suicida no es algo especialmente insólito, pero
en el caso de Dead la parte más demencial vino a posteriori, con la entrada
en escena de Euronymous. Al llegar a casa y descubrir el estropicio, al guitarrista no se le ocurrió otra cosa que dar media vuelta, ir a la tienda del pueblo
y comprarse una cámara de fotos desechable. De regreso al hogar retocó un
poco la escena y sacó unas bonitas instantáneas antes de llamar a la poli y,
mientras esperaba, guardarse unos cuantos pedacitos de cráneo que habían
saltado aquí y allá. Con ellos hizo unos collares que envió a unos pocos y
escogidos conocidos del mundillo, a los que consideraba lo suficientemente
dignos para poseer una manualidad tan exclusiva.

Por su parte la nota de suicidio que dejó Dead, que empezaba con ese mítico y sarcástico «perdón por la sangre» no era especialmente trágica pero da
algunas pistas acerca de su estado mental y anímico cuando dice que «no soy
humano, esto solo es un sueño y pronto despertaré» o cuando pone punto
final asegurando que «esto no se me ha ocurrido ahora, sino hace diecisiete
años».

¿Y qué pasó con las fotos que hizo Euronymous? En principio, tras reve-
larlas y enseñarlas a algunos amigos, prometió destruirlas. Ello no fue suficiente para que Necrobutcher, el bajista de la banda, le recriminara su actitud tras el suicidio y finalmente se largara de Mayhem, siendo sustituido un
año más tarde por el artífice de Burzum, Varg Vikernes, en lo que fue –como
veremos– un irónico y macabro giro del destino.

Pero volviendo a las fotos de marras, Euronymous no las destruyó sino
que las guardó y, supuestamente, envió una de ellas a Mauricio «Bull Metal»
Montoya, batería original de la banda de death metal colombiana Masacre y
propietario del sello Warmaster Records, con quien se solía cartear. Y este
la usó en 1995 para ilustrar la portada de un *bootleg* de Mayhem con un con-

cierto de la banda en Sarpsborg el 28 de febrero de 1990, que tituló *Dawn of the Black Hearts*. De ese modo la imagen hasta entonces inédita de Per Yngve Ohlin con el cráneo reventado y los sesos esparcidos por el suelo circuló de forma pública por medio mundo, más cuando las 300 copias originales pronto se quedaron cortas y empezó a reeditarse a través de numerosos sellos piratas. A día de hoy y tras haberla contemplado en numerosas ocasiones, personalmente no me duelen prendas al confesar que esa maldita portada sigue impactándome.

Pero más allá de las connotaciones sórdidas y morbosas de todo el asunto, la muerte de Dead y los sucesos inmediatamente posteriores causaron una fuerte impresión en la escena black metal y fueron en cierto modo el detonante de una serie de acontecimientos a cual más truculento.

Parte dos: «¡yo soy el black metal!»

A finales de la década de los ochenta y paralelamente a su ocupación al frente de Mayhem, Euronymous (de nombre real Øystein Aarseth) había fundado su propia discográfica para dar salida, en principio, a todas esas bandas adscritas de un modo u otro al incipiente black metal. Bautizado como Deathlike Silence Productions en referencia al tema Deathlike Silence de Sodom, el sello inicialmente solo contrataba grupos noruegos que él creyera suficientemente auténticos —«solo firmo con bandas que representen el mal en estado puro» declaró en 1993–, aunque más tarde se permitió fichar a bandas extranjeras como los suecos Abruptum y Merciless o los nipones Sigh.

Euronymous, patriarca del black metal.

Pero Deathlike Silence solo era la punta del iceberg del pequeño imperio que construyó Euronymous. Porque sin ningún lugar a dudas su figura es trascendental para entender todo el movimiento y no solo a nivel musical, que también. Era un cabrón con pintas pero también un tipo inteligente y carismático que se arrogó el papel de líder e ideólogo de toda la movida, difundiendo en los medios un mensaje satánico, furibundamente anti–cristiano el cual se mezclaba con un nacionalismo fascinado por la antigua Noruega pagana que, en ocasiones, flirteaba con el nazismo sin demasiado disimulo. Con todo ello pretendía ofrecer la imagen del black metal como una escena peligrosa, violenta y perversa que espantara a la sociedad y, en igual medida, aglutinara a esa colección de inadaptados que veían en el black metal un refugio atractivo para su deriva vital. Inadaptados que, en mayor o menor número, compraron su discurso con alegría digna de mejor causa.

Poco tiempo después del suicidio de Dead, Aarseth abrió una tienda de discos llamada Helvete (infierno en noruego) en el 56 de Schweigaardsgate, en Oslo. El establecimiento no tardó en convertirse en lugar de reunión de músicos y fans, y en cierto modo supuso el engranaje que hizo que muchas bandas de death metal se pasaran al black. Más local social casi que comercio discográfico (e incluso vivienda provisional para varios músicos), Euronymous aprovechó las habituales congregaciones en Helvete para –como buen publicista que era– inventarse un supuesto culto que llevaba a cabo oscuras y demoníacas actividades en el sótano; el llamado Inner Circle. En realidad nunca hubo tales actos y lo del Inner Circle queda a día de hoy más como un nombre para el núcleo duro de los músicos de aquella época que como una secta satánica per se.

Según comentan varios de sus allegados en el libro *Lords of Chaos: The Bloody Rise of the Satanic Metal Underground* (1997), Euronymous podía proyectar intencionadamente una personalidad diabólica y todo eso, pero había más de imagen que de realidad.

Kjetil Manheim, batería de Mayhem y amigo de Euronymous desde principio de los ochenta lo describía como «alguien saludable... un tipo agradable y familiar» pero que cuando no tenía cerca a sus viejos amigos «se metía en su papel». Según él, Euronymous se fue radicalizando con el tiempo: «le gustaba decirle a la gente que no valían nada; que él era el mejor. Era todo en plan 'Yo he definido el black metal. ¡Yo soy el black metal!' Creo que quedó atrapado en la imagen de Mayhem. Se convirtió en un megalómano».

Fuera un hijo de perra desde el principio o un buen chaval que acabó devorado por su propio personaje, lo que es innegable es que paz y amor, como el que dice, nunca es que hubiera transmitido. Y algunos de los actos que inspiró –y protagonizó, a la sesión de fotos de Kråkstad me remito– desde luego solo podían proceder de una mente un tanto mezquina y retorcida.

Parte tres: mami, ¿puedo salir a matar esta noche?

Euronymous no era el único que no andaba bien de la azotea, no obstante. El 21 de agosto de 1992, el batería de Emperor Bård G. Eithun, más conocido como Faust, andaba visitando a su familia en Lillehammer. Al atardecer fue a tomar unas copas a un pub y, de vuelta a casa, tuvo un encuentro fortuito mientras paseaba cerca del estadio olímpico (la ciudad había sido elegida para albergar los Juegos Olímpicos de Invierno de 1994). En sus propias palabras «ese hombre se me acercó, obviamente estaba ebrio y obviamente era maricón (...) y era obvio que quería tener algún contacto. Luego me preguntó si podíamos acercarnos al bosque. Así que estuve de acuerdo, porque ya entonces había decidido que quería matarlo, lo cual era muy raro porque no soy así». Lo normal, vamos. Uno de esos días malos en que se te acerca alguien y decides que te lo vas a cargar, aunque tú no seas un asesino ni mucho menos, claro. Una vez en el bosque, Eithun apuñaló a Magne Andreassen, tal era el nombre de la desafortunada víctima, apenas unas treinta y siete veces, rematando la faena con unas cuantas patadas en el cráneo del desdichado.

Pese a investigar con denuedo lo ocurrido, la policía fue incapaz de encontrar sospechosos y Faust permaneció en libertad durante aproximadamente un año sin sentir, como llegó a declarar más tarde, remordimiento alguno. Tal era su frialdad respecto al crimen que había cometido que en un alarde de imprudencia y estupidez confesó a Euronymous, Varg Vikernes y algunos otros perlas lo que había hecho. Ninguno se fue de la lengua, al menos por el momento. Podían ser unos perfectos hijos de puta pero chivatos, nunca.

Finalmente fue arrestado al agosto siguiente, a consecuencia de otros acontecimientos que pronto relataremos, y fue entonces cuando cantó como una calandria, ganándose una bonita condena a catorce años de prisión.

Un tiempo antes, a finales de los noventa y mientras seguía en la trena, fue entrevistado respecto a su deleznable crimen, que «explicó» de un modo bastante psicopático: «Yo estaba ahí fuera, esperando dejar salir la agresividad. No es sencillo describir por qué sucedió. Simplemente estaba destinado a suceder, y si fue este hombre u otro hombre, eso no es realmente importante». Arrepentimiento nivel bíblico, vamos. Ihsahn, su compañero en Emperor, dijo que Eithun «había estado fascinado por los asesinos en serie durante mucho tiempo, y supongo que quería saber cómo es matar a una persona». Fuera como fuera el asesinato no fue vinculado con el black metal, y no lo sería hasta que lo que había ocurrido dos meses antes tomó cariz de pandemia.

Parte cuatro: «Pásame las cerillas, haz el favor»

Un par de meses antes del asesinato de Lillehammer, la noche del 6 de junio de 1992, la Fantoft Stave Church de Bergen –uno de los tesoros arquitectónicos de Noruega, fechada en el siglo XII– ardía por entero a causa de un incendio provocado. Un primer incidente al que iba a seguir un reguero de casos similares ante la conmoción de la opinión pública y siempre en iglesias construidas casi enteramente en madera, siguiendo la tradición del país. La conexión con el black metal y sus postulados neopaganos y anticristianos no se hizo esperar, pero a pesar de que para enero de 1993 otras siete iglesias habían ardido ya en sitios como Stavanger, Vindafjord, Sarpsborg y la propia capital Oslo, la policía apenas efectuó unos pocos arrestos que no desembocaron en nada consistente ante la falta de pruebas.

Y aquí entra en escena de nuevo Varg Vikernes, por aquel entonces a pleno rendimiento –bajo el alias Count Grishnackh– con su proyecto Burzum, amparado por el sello de Euronymous. Vikernes era uno de los más prometedores músicos de la escena, y otro orate de primera categoría. Posteriormente, en una entrevista con Michael Moynihan, coautor de *Lords of Chaos*, Vikernes negaba cualquier conexión satánica respecto a los incendios, inventándose un cuento de vikingos: «No voy a decir que quemé ninguna iglesia. Pero déjame decirlo de este modo: hubo una persona que lo comenzó. No fui declarado culpable de quemar la iglesia de madera de Fantoft, pero de todos modos aquello fue lo que desencadenó todo esto. Ocurrió el 6 de junio y todos lo vincularon al satanismo... pero lo que todo el mundo pasó por alto fue que el 6 de junio del año 793, en Lindisfarne, Gran Bretaña, se realizó la primera incursión de vikingos conocida en la Historia, con vikingos de Hordaland, que es mi condado... Ellos (los cristianos) profanaron nuestras tumbas, nuestros túmulos funerarios, así que esto es venganza».

Fotograma de *Lords of Chaos*.

Una venganza que, más que fría, se sirvió congelada cabría pensar, aparte de que como está registrado en las Crónicas Anglo–Sajonas, el ataque al famoso monasterio tuvo lugar no el 6 sino el 8 de junio de 793, e incluso se especula con que pudo ser el 8 de enero. En realidad a Vikernes, pese a ser un tipo inteligente, siempre le ha gustado dárselas de listillo y negar las motivaciones satánicas relacionando el primer incendio con lo de Lindisfarne es una de las no pocas morcillas que ha ido soltando alegremente a lo largo de los años.

Lo que sí es cierto es que una vez pasada esa primera hornada de ataques, la cosa no se detuvo hasta varios años después. Según estadísticas oficiales en 1996 se habían contabilizado más de cincuenta ataques del estilo, fueran consumados o en grado de tentativa.

En la actualidad aquellos hechos siguen siendo fuente de controversia dentro de la escena del black metal. Algunos músicos, como el siempre motivadísimo Gaahl de Gorgoroth, creen que aun fueron pocas las que ardieron, mientras que artistas un pelín más sensatos, caso de Necrobutcher y Kjetil Manheim opinan que fueron actos fútiles y hasta pueriles perpetrados muchas veces por gente que trataba de crearse una imagen o ser aceptado en los círculos más radicales de la escena.

Parte cinco: «¡Quiero una mazmorra de verdad!»

Lo que sí logró sin duda la quema de iglesias fue poner el black metal en boca de buena parte de la sociedad noruega y, por supuesto, en el punto de mira de las autoridades. Lo que hasta entonces había sido un movimiento absolutamente *underground* saltaba desde hacía meses a las primeras páginas de los periódicos y abría noticiarios en televisión. Y la guinda del pastel fue una demencial entrevista que aparecería en el *Bergens Tidende*, uno de los periódicos más vendidos del país. La historia es tan abstracta e idiota como cabría esperar: en enero de 1993, un par de colegas de Vikernes lo entrevistaron y llevaron la entrevista al periódico esperando que la publicaran. En ella Vikernes (bajo su alias aristocrático) afirmaba ser responsable de la quema de las iglesias, así como del reciente asesinato del hombre de Lillehammer que les confesó Faust. Uno de los periodistas del diario, Finn Bjørn Tønder, vio que ahí podía haber material interesante y concertó una entrevista más o menos secreta con el Conde Grishnackh. Ante dos reporteros, Vikernes y sus colegas se lo pasaron en grande afirmando que sabían quién había llevado a cabo los incendios, y advirtieron que los ataques continuarían. En pleno cachondeo afirmaron también ser adoradores del diablo con la intención de difundir el miedo y el mal. Pero a la vez dieron algunos detalles sobre los incendios que no habían sido divulgados a la prensa hasta entonces, confirmados al periódico por la policía antes de la publicación de la entrevista.

El artículo fue publicado el 20 de enero en portada, con el titular «Prendimos fuego a las iglesias». Como ilustración, una foto de Vikernes con el rostro oculto por su melena y esgrimiendo un par de cuchillos en plan muy malote. Según sus declaraciones tiempo después, la entrevista anónima fue planeada por él mismo y por Euronymous con el objetivo de difundir el miedo, promover el black metal y de paso obtener más clientes para Helvete: «Exageré mucho y cuando el periodista nos dejó nos partimos, porque no parecía entender que le habíamos estado tomando el pelo». Añadió además que en la entrevista no reveló nada que pudiera probar su participación en ningún delito.

Sin embargo, cuando la edición salió a la calle, Vikernes ya había sido arrestado.

Varg Vikernes asustando a los niños.

Algunos de los otros miembros de la escena también fueron arrestados e interrogados, pero todos fueron liberados por falta de pruebas.

Aun así las cosas se estaban poniendo feas; excesiva atención mediática, la poli husmeando demasiado...y en consecuencia Euronymous decidió cerrar Helvete, algo que cabreó y mucho a Vikernes, pues consideraba que de ese modo sus esfuerzos habían sido baldíos.

Y en un nuevo ejercicio de cinismo y humor cretino declararía, respecto al tiempo en el que estuvo retenido, que el sistema penitenciario noruego era poco menos que un chollo. En una entrevista publicada por la revista *Rock Furore* en febrero de 1993 afirmaba que «en este país, los prisioneros tienen una cama, un inodoro y una ducha. Es completamente ridículo. Le pedí a la policía que me arrojaran a una mazmorra de verdad y los alenté a usar la violencia». Finalmente fue liberado en marzo por falta de pruebas, pero con un cerebro tan cortocircuitado como el suyo, dar con sus huesos de nuevo en la trena –y esta vez en serio– era solo cuestión de tiempo. Cinco meses escasos, en realidad.

Parte seis: Veintitrés puñaladas en defensa propia

Esa primera mitad de 1993 fue un auténtico torbellino en el submundo del black metal. A las iglesias carbonizadas y el inefable artículo del *Bergens Tidende*, había que sumar la creciente animosidad surgida entre Euronymous y Vikernes; este último llevaba ya varios meses encargándose del bajo en Mayhem tras, como hemos visto, la renuncia de Necrobutcher. Una enemistad fruto de la paranoia y la desconfianza mutua de dos individuos cada vez más y más desequilibrados, y que terminaría, como todo lo relativo a aquellos demenciales años, como el rosario de la aurora. Abreviando, la noche del 10 de agosto de 1993 Vikernes se cargó a Euronymous a cuchilladas; y con ello, encendió la mecha que haría explotar la escena si no en mil pedazos –musicalmente el black metal seguiría adelante con muy buena salud–, sí al menos enterrando el más conocido y sangriento capítulo de su historia.

La noche de autos y acompañado de Snorre «Blackthorn» Ruch, guitarra y teclista de Thorns y segundo guitarra de Mayhem durante un tiempo, Vikernes se presentó en la casa de Euronymous en Tøyengata, Oslo. Mientras Blackthorn se quedaba abajo, Vikernes subía hasta el apartamento en el cuarto piso. Lo que ocurrió a partir de entonces solo podemos saberlo por la versión de Vikernes, que alegó defensa propia. Teniendo en cuenta que el cadáver encontrado en las escaleras, fuera del apartamento, presentaba veintitrés puñaladas –dos en la cabeza, cinco en el cuello y dieciséis en la espalda–

estaremos todos de acuerdo en que se trata de uno de los casos de defensa propia más formidables de la Historia. Haciendo gala de su sempiterno –y casi siempre involuntario– sentido del absurdo, Vikernes se defendería más adelante asegurando que la mayoría de las heridas de Euronymous fueron causadas por vidrios rotos al caerse durante la refriega. Tras el asesinato, él y Blackthorn volvieron conduciendo a Bergen, parando un momentito en el trayecto, junto a un lago, para que el primero se lavara y cambiara la ropa. Llegar a casa cubierto de manchurrones de sangre, incluso en aquel mundillo de tarados, podía levantar alguna que otra sospecha.

¿Por qué mató el Conde Grishnackh a su colega, con quien hasta no hacía tanto había compartido secretos, objetivos y una visión musical muy parecida? Especulaciones las hubo de todo tipo: luchas de poder y/o egos, problemas de derechos por la música de Burzum… pero de nuevo la versión más (y a la vez menos) fiable procede del propio asesino.

Según Vikernes, Euronymous tenía planeado aturdirlo con un arma de electroshock, atarlo y torturarlo hasta la muerte mientras grababa el evento: «Si se lo hubiera contado a todo el mundo, yo no me lo hubiera tomado en serio. Pero se lo dijo solo a un grupo escogido de amigos, y uno de ellos me lo dijo». De nuevo según su versión Euronymous pensaba concertar una reunión para hablar sobre un contrato; en realidad una excusa para emboscarlo y acabar con él. ¿Cierto o falso? Conociendo a Aarseth no sería tampoco muy de extrañar, la verdad.

Vikernes dijo que se reunió con Euronymous y le entregó el contrato, pero que este entró en pánico, le dio una patada y a partir de ahí todo se lió. Pero poca gente duda –y tampoco lo hizo el tribunal que le juzgó– que fue a ver a Euronymous con la idea fija de cargárselo, y las pruebas posteriores así lo concluyeron.

Parte siete: el matar se va a acabar

Vikernes fue arrestado el 19 de agosto en Bergen, nueve días después del asesinato. Varios otros miembros de la escena black metal, entre ellos Blackthorn y Faust también fueron detenidos y puestos a disposición de la justicia en esas fechas.

En el juicio, que comenzó el 2 de mayo de 1994, se demostró que Vikernes, Blackthorn y un colega habían planeado el asesinato. Esa tercera persona se quedó en el apartamento de Bergen como coartada, alquilando películas y retirando dinero de la tarjeta de crédito de Vikernes. No fue un proceso demasiado largo dadas las evidencias. El 16 de mayo de 1994, Vikernes fue condenado a veintiún años de prisión –la pena máxima en Noruega– por el asesinato de Euronymous, el incendio de tres iglesias, el intento de incendio de una cuarta y el robo y almacenamiento de 150 kilos de explosivos. Esto último fue lo único que admitió el Conde Grishnackh. Blackthorn por su parte fue condenado a ocho años de prisión como cómplice. Y Faust confesó finalmente ser el autor del asesinato de Magne Andreassen dos años antes. La sentencia como hemos visto era de catorce años, pero fue liberado en 2003 tras nueve años y cuatro meses de condena. Nada sería ya lo mismo a partir de entonces.

Durante el funeral de Euronymous, Hellhammer y Necrobutcher decidieron seguir adelante con la banda, finalizando el disco que tenían ya muy avanzado. Antes del lanzamiento de *De Mysteriis Dom Sathanas* (1994) la familia de Euronymous pidió a Hellhammer que eliminara las pistas de bajo grabadas por Vikernes, pero este no lo veía así: «Pensé que era muy apropiado que el asesino y la víctima estuvieran juntos en el mismo disco. Afirmé que se estaban grabando nuevamente las partes del bajo, pero nunca se hizo». Pura lógica black metal.

La frialdad casi psicópata, el distanciamiento emocional y la desquiciante misantropía de las que había hecho gala la escena noruega hasta entonces se revelaron en todo su esplendor. Todos aquellos acontecimientos sacudieron la escena, pero no la conmovieron en absoluto. Unos consideraron a Vikernes un traidor por asesinar a Euronymous y dar la espalda al satanismo en favor del nacionalismo y el odinismo, aunque Vikernes afirmara que nunca fue satanista y solo usó a Satanás para provocar. Sin embargo, muchos de los amigos y compañeros de Euronymous hablaban del asesinato con un tono de indiferencia. En el libro *Lords of Chaos* se comenta: «Lo que llama la atención es lo poco que se preocupan por la vida o la muerte de los demás». En sus páginas, tanto Hellhammer como Ihsahn y Samoth de Emperor afirman que la muerte de Euronymous no les afectó o, al menos, no les causó conmoción alguna. En cierta manera lo que hubo también fue una cierta y general sensación de alivio. Con Aarseth fiambre y Varg entre rejas, ya no había nadie que otorgara acreditaciones de autenticidad, nadie que dijera o dictara quién era digno y quién no. Los sumos sacerdotes del black metal habían desaparecido.

Misas negras, violaciones, torturas... con ustedes, ¡Gorgoroth!

Relacionados tangencialmente con la quema de iglesias, Gorgoroth se mantuvo un tanto al margen de los acontecimientos más salvajes de principios de los noventa, pero con el tiempo protagonizaron algunos episodios –especialmente con el cambio de milenio– lo suficientemente escabrosos como para merecer espacio aparte.

El primero de ellos tuvo lugar en 2002 cuando Gaahl, vocalista de la banda desde 1998, fue condenado por torturas. Durante una fiesta en casa del cantante, uno de los invitados discutió con él y, cuando quiso irse, le dieron un porrazo en la nuca y lo dejaron inconsciente. Al despertar y siempre según la versión de la víctima, se encontró atado a una silla en la que, durante horas, se le amenazó y golpeó sistemáticamente. Gaahl supuestamente le dijo que iba a sacrificarle y beberse su sangre. Incluso comenzó a recoger la sangre que goteaba en una copa. En su defensa, Gaahl dijo que solo había usado la copa para evitar que la sangre ensuciara la casa, un alegato de lo más convincente dada la contrastada eficiencia de los músicos de black metal en cuanto a limpieza e higiene doméstica.

Pero lo mejor fue la declaración de la mami de Gaahl, que muy digna durante el juicio aseguró que su hijo jamás cometería canibalismo puesto que era vegetariano y «muy quisquilloso con la comida», para finalizar su gloriosa defensa del nene añadiendo que «no come absolutamente nada de casquería».

El cantante no negó parte de los acontecimientos pero alegó –¡cómo no!– defensa propia; finalmente fue condenado a un año y dos meses de cárcel.

Apenas un año después de este simpático incidente Infernus, guitarrista y miembro fundador de la banda, también se las tuvo con la
justicia. Él y un amigo fueron arrestados por –presuntamente– violar
a una mujer en otra fiesta (el concepto que tienen esta gente de ir de
fiesta es sumamente particular) y dos años más tarde, en 2005, ambos
fueron sentenciados a tres años de prisión. En 2006 apelaron al tribunal, y tanto el juicio resultante como la sentencia definitiva resultaron
ser un tanto confusos. Infernus alegó que no recordaba nada porque
estaba trompa cuando ocurrieron los hechos y el resultado final fue
una condena por violación a su colega y una absolución de todos los
cargos para él. Sin embargo, fue declarado culpable de agresión sexual
con agravantes. Resultado, cuatro meses entre rejas.

Pero aparte de dedicarse a putear a los invitados a sus fiestas, Gorgoroth también se dedicaban a la música, no nos olvidemos. Discos
y shows como todo hijo de vecino, que las facturas hay que pagarlas.
Claro que si de vez en cuando puedes montar un pequeño escándalo,
¿por qué privarte?

Estamos en febrero de 2004 en los estudios televisivos Krzemionki.
Un nutrido público saluda la entrada en escena de una banda clásica
de black metal. Frente a ellos un escenario decorado en su parte frontal
con antorchas, alambre de espino y un número exageradamente alto
de cabezas de oveja, algunas de ellas clavadas en estacas. A los lados
y al fondo del escenario, cuatro modelos –hombres y mujeres– desnu-
dos y simulando estar crucificados, con tan solo una capucha negra

cubriéndoles el rostro. Y en medio de todo ello Gorgoroth, desplegando su arsenal. Una puesta en escena deliberadamente provocativa, satánica y blasfema, que se hubiera quedado en un show impactante pero poco más si no fuera porque a los muy animales no se les ocurrió otro sitio donde montarlo que en Cracovia, una de las ciudades más importantes de Polonia. Y en Polonia, cuna del Papa Juan Pablo II, con estos temas no se tontea. Por ello la misa negra que llevaron a cabo los noruegos hizo que la policía abriera una investigación bajo las acusaciones de haber violado las leyes referentes a la blasfemia y a los derechos de los animales. Finalmente quedaron libres de cargos al demostrar que no estaban enterados de que lo que habían hecho era ilegal en el país, aunque al promotor sí le cayó un buen palo, y además se confiscó todo el material grabado.

Un hito sin duda en la historia del metal moderno que por suerte pudo ser finalmente recuperado y editado en DVD en 2008 con el título de *Black Mass Krakow 2004* para deleite de presentes y futuras generaciones de metalheads.

XIX. QUÉ LEJOS QUEDAN LOS NOVENTA

Sobreviviendo al grunge

Tras las mil y una cosas que ocurrieron en el mundo del heavy metal en los ochenta, la siguiente década fue un tiempo extraño, una especie de transición entre el viejo mundo y uno nuevo cuyos parámetros aun estarían por definirse. El grunge –al que los metalheads no prestarían especial atención, Alice in Chains mediante– y la era alternativa dejarían al género en un segundo plano durante unos años, de los cuales emergió un nuevo estilo, el nu metal, heredero en parte del *angst* existencial de los leñadores de Seattle. Dejando aparte la escena noruega, tres nombres se ganaron por méritos propios el derecho a subir al podio noventero: Pantera, Sepultura y los adalides del citado nu metal, Korn. De los tres, por supuesto, hay suficiente material absurdo y demente para llenar unos cuantos renglones más.

PANTERA

The Spandex Incident

En uno de los mejores capítulos de Epic Rock Tales, la serie animada de Loudwire, Phil Anselmo contaba un hilarante y escatológico incidente poco antes de unirse a Pantera. Era el año 1986, y él andaba con una banda de hard rock que tenía a Mötley Crüe y el hair metal como principales referentes, ya saben: melenas de caniche, maquillaje y pantalones de spandex. Recalando en Nueva Orleans, Phil se sintió enfermo y no se le ocurrió otra cosa que atiborrarse de vitamina C.

Craso error porque una vez sobre las tablas, a la que intentó por primera vez llegar con su voz a una nota alta, sus intestinos abrieron compuertas manchando de ocre el trasero de sus blancas y apretadas mallas. «Sabía lo que había ocurrido –recuerda el vocalista– así que esperé al solo de guitarra y me fui andando marcha atrás hasta desaparecer del escenario». Una situación comprometida que requería una solución de emergencia. Y la encontró en los camerinos en la forma de otras mallas que, por desgracia, estaban usadas y sudadas. Sin más remedio que ajustárselas y volver a salir a escena, el show continuó sin más fugas inesperadas.

Pero el destino le guardaba al día siguiente un último y desagradable regalito al pobre Anselmo; porque solo levantarse notó un incómodo picor en la entrepierna y descubrió que las mallas que había tomado prestadas le habían prestado, a su vez, una bonita infección de ladillas. Visto lo visto, no es de extrañar que poco después de unirse a Pantera abandonara el spandex para siempre y abrazara el groove metal como la verdadera religión.

La muerte en directo

Todo señalaba a una noche como cualquier otra, otra fecha más en la gira *Devastation Across The Nation* por parte de Damageplan, la nueva banda de los hermanos Abbott tras la disolución de Pantera. El ocho de diciembre de 2004, a la hora convenida los músicos salían al escenario del club Alrosa Villa en Columbus, Ohio para presentar los temas de *New Found Power*, su disco de debut publicado a principios de año y daba inicio el show. Pero el destino había convenido hacer de aquella una noche infausta como pocas. Todavía sonando el primer tema alguien sube a escena por un lateral, se acerca a Dimebag y le descerraja varios disparos a quemarropa. La confusión es total, hay quien piensa en un primer momento que todo forma parte del espectáculo, pero el tumulto que se forma pronto demuestra que aquello va en serio.

Un ex marine fan de Pantera llamado Nathan Gale acababa de matar a Dimebag. En la confusión inmediatamente posterior el encargado de seguridad de la banda, Jeff Thompson y un trabajador del club (marine a su vez) llamado Erin Halk trataron de detener a Gale pero este acabó también con sus vidas, así como con la de Nathan Bray, un fan que había subido al escenario para tratar de reanimar a Dimebag. Un desastre absoluto, con el público tratando de huir y un rehén retenido por el asesino entre los amplis.

Dimebag Darrell, mito de las seis cuerdas.

Mientras, el aviso del tiroteo había llegado a la emisora del agente James Niggemeyer, que patrullaba cerca. Así, apenas tres minutos después de recibir la llamada en su coche el policía entró en el club por una entrada trasera, accedió a la sala y sin pensárselo dos veces apuntó y abatió a Gale, mientras este aún retenía a su rehén.

Con ello muy posiblemente evitó un baño de sangre mucho mayor, pero su rápida y hasta heroica acción provocó que jamás pudieran saberse a ciencia cierta los motivos –desequilibrio mental, venganza por culpar a Dimebag del final de Pantera… –por los que Gale se llevó por delante a cuatro personas, entre ellas a un mito del metal como Dimebag Darrell.

Para los coleccionistas de curiosidades, apuntar que Darrell murió asesinado en la misma fecha que John Lennon, un ocho de diciembre veinticuatro años antes. Y que, como fan confeso de KISS que siempre había sido, fue enterrado en uno de los ataúdes especiales que la banda tenía en su catálogo de merchandising.

SEPULTURA

Diversión con banderas

En 1994 Sepultura actuaban frente a más de cuarenta mil personas en un festival en Brasil. Estaban en uno de los momentos más álgidos de su carrera, su disco *Chaos A.D.* les había puesto en primera fila del metal de los noventa y el regreso a casa parecía un broche de oro perfecto. Pero un gesto en principio inocente iba a torcer las cosas aquella noche. Durante el show alguien lanzó una bandera de Brasil al escenario y Max Cavalera, guitarra rítmica y frontman de la banda, la recogió y la mostró en alto al público, en un gesto de orgullo nacional. Al parecer alguien –que presumimos debía tener muy buenos contactos y muy poco trabajo– contó a la policía que el frontman había pisoteado la bandera en una especie de rabieta antipatriótica. Y por exagerado que pueda parecer, al término del concierto dos decenas de agentes se personaron en el camerino y arrestaron a Cavalera, llevándoselo esposado a prisión acusado de ser anti–brasileño (¡!). Apenas pasó unas horas allí dentro, pero aun saliendo libre de cargos «la historia empezó a crecer y crecer –explicaba Max tiempo después–, la gente empezó a decir que escupí a la bandera, después que meé sobre la bandera y finalmente ya andaban diciendo que me había cagado en la bandera. Recuerdo llamar a mi abuela y ella decirme '¿Por qué tuviste que hacer eso con la bandera brasileña?'. Max trató de explicarle que no hizo nada, que todo era pura invención. Pero de algún modo tenía la sensación de que fue a partir de aquel momento que las cosas empezaron a torcerse, como si aquel incidente marcara el principio del fin para Sepultura». Tal vez no andaba muy equivocado.

El castillo de las gaviotas

Tras el paso adelante que supuso *Arise* (1991), Sepultura se preparaban –de la mano del productor Andy Wallace– para seguir evolucionando a partir de aquel. Para ello se trasladaron a Phoenix, Arizona, donde pasaron semanas componiendo los temas para después, en un intento de cambiar de aires, volar hasta Europa –Gales más concretamente– para entrar a grabar en los famosos Rockfield Studios. Allí Wallace les aconsejaría nuevas e inexploradas maneras de expresar su sonido, como los ritmos tribales al inicio de «Territory» o la inclusión al principio de «Refuse/Resist» de los latidos –todavía en el útero– del hijo que esperaba Max. Pero la historia más curiosa respecto a *Chaos A.D.*, el disco que resultaría de aquellas sesiones, es la grabación del instrumental «Kaiowas». De camino al estudio la banda pasó cerca del castillo de Chepstow, la fortificación de piedra post–romana más antigua de Gran Bretaña y Cavalera decidió que quería grabar el tema allí: «pensé que molaría mucho grabar en un castillo galés, y así fue. Andy hizo que ocurriera, colocó todos los cables y el equipo ahí dentro. Y el espacio en el que grabamos no tenía techo por lo que cuando empieza la canción, si escuchas con auriculares a un volumen lo suficientemente alto, puedes escuchar a todas esas putas gaviotas volando por encima nuestro».

Grabando en la selva

Habiendo explorado previamente su herencia brasileña en algunos momentos de *Chaos A.D.*, como hemos visto, la banda decidió centrarse a fondo en esas raíces para un nuevo álbum que iban a titular precisamente *Roots*. En 1995 y durante una actuación para la MTV Brasil se les unieron numerosos músicos para tocar «Kaiowas», entre ellos Carlinhos Brown. «Al término del programa, ya sabía que Carlinhos era el hombre para *Roots*», diría Cavalera. «Y una vez que teníamos al percusionista, podíamos buscar una tribu real que pudiera hacer del disco una mezcla aún más auténtica de música heavy y cultura brasileña».

A través de un centro cultural de música indígena, la banda pudo ponerse en contacto con la tribu Xavante, que vive en las remotas selvas del centro de Brasil, en pleno Mato Grosso. Cuando se reunieron por primera vez, los xavantes querían escuchar de qué música hablaban aquellos melenudos, así que la banda tocó «Kaiowas»: «cuando terminamos, empezaron a hablar entre ellos y no pudimos entender nada de lo que decían», explicaba Cavalera. «Pero el jefe hablaba un poco de portugués y dijo que les había gustado y que querían volver a escucharlo. Así que tocamos de nuevo. Fue probablemente uno de los públicos más intensos para los que hemos tocado, un tipo de audiencia diferente: doscientos indios sentados y escuchando».

Para las sesiones de grabación junto a los xavantes (que aportarían cantos y percusión) Sepultura hizo quince tomas de dos canciones diferentes, «Itsari» y «Canyon Jam», esta segunda incluida como tema oculto al término del álbum. «La experiencia fue increíble, pero también rara. Estábamos cubiertos de picaduras de mosquitos porque, aunque nos habíamos puesto un repelente especial antes de irnos, no funcionó una mierda. Además, no había electricidad, así que teníamos baterías de automóvil conectadas a las grabadoras. El problema con eso fue que no podíamos reproducir lo grabado porque no teníamos suficiente energía, por lo que hicimos quince tomas y rezamos para que todo lo que hacíamos quedara registrado». Y registrado quedó, pasando a formar parte de un disco que, en 1996, rompió barreras estilísticas y llevó el metal extremo a los oídos de todo un nuevo público. Con decir que un servidor se lo compró a través del catálogo de Círculo de Lectores (palabra), está todo dicho.

Producido por Ross Robinson, al que pronto volveremos a encontrar, *Roots* ha quedado si no como el mejor disco de Sepultura, sí desde luego como el más reconocible para los no iniciados.

KORN

Jubilando al de la licorería

¿En qué suele gastar la pasta un grupo que ha triunfado, mientras graba su siguiente disco? En bonos del tesoro y suscripciones a *Nature*, la mayoría no. En furcias, colombiana y priva, sí. Algunos se ajustan al presupuesto, y a otros se les va la pinza. A Korn a principios de 1998, se le fue. Grabando su tercer trabajo *Follow the Leader* en Los Angeles la banda se pulió más de sesenta mil dólares solo en licores y cerveza durante el tiempo que estuvieron en el estudio. Según Jonathan Davis, cantante y líder de la banda, se estaban comportando del modo en que se supone que deben hacerlo las estrellas de rock, y eso incluye beber y drogarse como si no hubiera un mañana. Influenciado por el personaje de Jim Morrison que interpretó Val Kilmer en la película The Doors, de Oliver Stone (luego me preguntan algunos que por qué detesto el nu metal, criaturicas), Davis se puso manos a la obra: «pensé que tenía que ser de aquel modo: estar jodido, drogarme y emborracharme, joder con tantas tías como pudieras». De todos modos cuenta que no solía grabar borracho. Un poco de coca a veces, para coger carrerilla, hasta que terminaban las sesiones, que iniciaban sobre las tres o las cuatro de la tarde, hasta las diez de la noche más o menos. Ahí paraban y es cuando comenzaba la fiesta. Que tratándose de Korn debía ser beber, lloriquear y autocompadecerse hasta que el Universo se plegara sobre sí mismo.

Festival de lágrimas

Jonathan Davis, no tuvo una infancia precisamente feliz, eso es cierto. Aquejado de asma, sus padres se divorciaron cuando era todavía un crío, fue acosado en la escuela por los matones de siempre, y en casa por una pérfida madrastra de cuento de hadas que le hacía la vida imposible. Una bonita colección de traumas que reflejó en la música de Korn a base de ira, negatividad y frustración y que tuvo su catarsis más potente en un momento que quedó grabado en su disco de debut.

La canción «Daddy» trata –en primera persona– sobre haber sido abusado de pequeño y no ser creído por sus padres: «cuando era niño, una persona cercana a la familia abusó de mí, fui a ver a mis padres y les conté sobre ello, y pensaron que estaba mintiendo y bromeando. Nunca creyeron que fuera así». Pero lo que nadie esperaba es que la sesión de grabación de «Daddy» fuera a convertirse en un festival de lágrimas. Hacia el final del tema Davis tuvo una crisis y prorrumpió en un llanto incontrolable; lejos de detener las cintas, el productor Ross Robinson siguió grabando e indicó a la banda en la sala contigua que no dejase de tocar, mientras el vocalista se desmoronaba.

Una crisis mental que acabó siendo colectiva, tal y como explicó Davis: «cuando salí de la cabina, entre sollozos, toda mi banda estaba llorando y todos me abrazaron. Fue una puta locura de experiencia». Sin duda lo fue, y para corroborarlo ahí quedaron esos dramáticos últimos minutos de la canción que cierra *Korn* (1994) y que, según el día, pueden hundirte en la más absoluta miseria.

Pequeñas travesuras

Ross Robinson fue una pieza importante en el sonido del grupo en sus dos primeros trabajos, pese a que en ocasiones su forma de trabajar levantara ciertas ampollas. Incluso se cuenta que cuando se reencontraron más de quince años después durante la grabación de *Korn III: Remember Who You Are*, les apretó tanto las clavijas que acabó por hacerles llorar (lo cual no parece ser especialmente difícil para estos chicos).

En las sesiones para su debut, las broncas y altercados cuando los miembros del grupo se presentaban borrachos o drogados eran algo casi cotidiano, así que decidieron hacerle una pequeña putada. Pensando que para grabar el tema «Ball Tongue» lo mejor sería hacerlo puestos de metanfetamina, decidieron largarle una trola a Robinson y convencerle de que les llevara en coche a cumplir un encargo.

Brian Welch recuerda cómo fue: «engañamos a Ross para que nos llevara a buscar drogas, y de vuelta terminamos grabando las voces de «Ball Tongue» todos con un importante colocón». Al parecer cuando Ross se enteró no solo de que se habían metido meta para grabar sino de que había sido él quien había hecho de chófer para ir a pillarla, no se lo tomó demasiado bien. Chicos traviesos, estos muchachos.

PORTADAS CON HISTORIA
PANTERA
Far Beyond Driven
(1994, East West)

Un taladro de tamaño industrial penetrando el hueso frontal de un cráneo. Pocas veces la portada de un disco ha reflejado tan gráficamente la música contenida entre sus surcos. Pero la imagen, por más potente e icónica que sea, no era la idea concebida originalmente.

El trabajo había sido encargado a Dean Karr, un artista creativo nacido en Seattle. Los más atentos lo reconocerán como responsable del famoso vídeo para la versión del «Sweet Dreams (Are Made of This)» a cargo del reverendo Manson en sus buenos tiempos, o como director del film en directo *Still Reigning* de Slayer entre otros muchos trabajos, incluyendo no pocas portadas de discos. Pero respecto al encargo de Pantera había un matiz que cabe conocer: el título provisional del disco era *Metal Up Your Ass*. Suficientemente explícito para inspirarle una portada en la que una broca monstruosa entra grácilmente entre dos pálidas nalgas.

La imagen tenía su origen en una foto descartada de una sesión que Karr había llevado a cabo unos antes para Hustler. Al respecto, el artista comentaría que «no sabía de qué chica era, ni siquiera sabía su nombre. Solo conocía su culo». Debió impactarle mucho aquel trasero porque modeló una escultura a su imagen y semejanza, para una exposición, y la empaló con el enorme taladro mencionado. Cuando se le propuso el trabajo para el álbum, lo tuvo claro. Volvió a fotografiar la escultura *et voilà*.

Al grupo le pareció una idea excelente pero a East West, su compañía discográfica, no tanto. La verdad es que dieron el visto bueno en un principio

–facilitando de paso una exigua primera tirada– pero muy pronto se echaron atrás, obligando a la banda a buscar una alternativa que encontraron manteniendo el concepto pero cambiando un culo por un cráneo. Mucho más sutil, donde va a parar…

Las copias originales que salieron a la venta se llegaron a cotizar y no poco entre fans y coleccionistas varios, hasta que en el año 2010 una reedición en vinilo con la portada original rebajó los precios considerablemente. Considerando que *Far Beyond Driven* se encaramó como un cohete hasta el puesto número 1 del Billboard, llegando a oro en apenas dos meses y platino tres años más tarde, hubiera sido interesante ver la reacción general del público ante ese glorioso culo en pompa metálicamente sodomizado apareciendo en pósters, portadas y televisiones varias.

XX. CENSURA Y FILANTROPÍA
Los Quince Asquerosos y demás paradojas

PMRC

orría el año 1985 y, como en una moderna versión del primer acto de Macbeth, un grupo de brujas se reunía frente a un burbujeante caldero repleto de mojigatería, prejuicios y estupidez y acordaba fundar una asociación que velara por la salud moral de la juventud americana. Así nacía –más o menos, los detalles sobre los conjuros son dispares– el PMRC (Parents Music Resource Center), infausta organización yanqui dedicada al control y denuncia de todos aquellos artistas musicales cuyos trabajos consideraban inapropiados. Al frente estaba una versión 2.0 de Doris Day llamada Tipper Gore, esposa del por entonces senador y aspirante a eunuco Al Gore, flanqueada por otras cotorras con maridos en Washington. Un ridículo aquelarre que se dedicó durante más de una década, con el beneplácito y la bendición del Congreso, a estampar pegatinas en todos aquellos álbumes que en su estrabismo mental consideraban perniciosos ya fuera por temática sexual, ocultista o violenta. Era el famoso eslogan *Parental Advisory – Explicit Lyrics* que alertaba a los papis y, por el contrario, alentaba a los chavales en el clásico efecto y reacción frente a la fruta prohibida.

A priori podría parecer que aquello era un simple delirio censor por parte de un grupo de marujas retrógradas, pero las consecuencias fueron mucho más allá de eso. Recordemos que a mediados de los ochenta Estados Unidos seguía bajo la reaccionaria batuta de la administración Reagan y que el poder político adherido a la etiqueta de marras afectó y no poco a la venta de algunos de los discos señalados. A finales de ese año 1985 la Recording Industry Association of America (RIAA) acordaba la colocación del distintivo en todos aquellos álbumes que creyera oportuno, trayendo aparejado el que muchas distribuidoras y tiendas de discos (especialmente la cadena Wal–Mart) se negaran a vender elepés que contuvieran la etiqueta, mientras otras más permisivas (risas) limitaron las ventas de esos discos exclusivamente a adultos.

Tipper Gore y Susan Baker, mamis preocupadas.

El PMRC no le hacía ascos a estilo alguno –en realidad su cruzada tuvo como primera víctima a Prince y su tema «Darling Nikki»– pero sin duda el hard y el heavy, por entonces en pleno auge en América y en medio mundo, fue uno de sus objetivos predilectos. Buena muestra de ello es la infausta lista –en la mejor tradición del mccarthismo– que en un alarde de elegancia y sobriedad titularon como The Filthy Fifteen (Los Quince Asquerosos), en la cual incluyeron nada menos que nueve artistas metálicos, a saber y según canción: Judas Priest («Eat Me Alive»), Mötley Crüe («Bastard»), AC/DC («Let Me Put My Love Into You»), Twisted Sister («We're Not Gonna Take It»), W.A.S.P. («Animal (Fuck Like a Beast)»), Def Leppard («High 'n' Dry (Saturday Night)»), Mercyful Fate («Into the Coven»), Black Sabbath («Trashed») y Venom («Possessed»).

Rechazado por una abrumadora mayoría de artistas –representados en la primera audiencia en el Senado por Dee Snider, Frank Zappa y John Denver– y símbolo de la cerrazón y futilidad que lleva casi siempre aparejadas cualquier maniobra de censura artística, lo que sí es seguro es que el PMRC y su etiqueta han quedado como un logo unido indisolublemente a la música de los ochenta y los noventa; una huella histórica incluso a nuestro pesar que inspiró a no pocos artistas a la hora de contraatacar desde donde mejor podían hacerlo: sus canciones. Músicos de todo palo, por supuesto (con punks y raperos compartiendo podio), pero como aquí hemos venido a hablar de heavy metal ofrecemos a continuación una pequeña lista de temas dedicados a Tipper y su conciliábulo que, en otros tiempos, diríamos que podrían servirles para grabar una cinta recopilatoria temática.

Pero como no queremos perder comba de la actualidad, les animamos a crearse una etérea playlist en spotify a base de Megadeth («Hook In Mouth»), Danzig («Mother»), Warrant («Ode to Tipper Gore»), Anthrax («Startin' Up A Posse»), Cinderella («Shelter Me»), Suicidal Tendencies («Lovely») o Flotsam and Jetsam («Hard On You»).

Para completarla sugerimos indagar un poco más por su cuenta; todo lo referente al PMRC les proporcionará estupor y diversión para tardes enteras. Garantizado.

Paz, amor y sobriedad

Los días 12 y 13 de agosto de 1989 se celebró en el Central Lenin Stadium (hoy Luzhniki Stadium) el Moscow Music Peace Festival con el muy loable y elevado objetivo de promover la paz mundial y además establecer una cooperación internacional en la lucha contra las drogas en Rusia. Hasta aquí todo muy bonito, pero bajo la superficie existían algunos aspectos un tanto dudosos. El primero es que el principal promotor del evento, el mánager Doc McGhee acordó llevar a varios de sus artistas a Moscú tras verse involucrado en un escándalo de tráfico de drogas.

Y se comentaba en los burladeros que el festival formaba parte de un acuerdo con la fiscalía norteamericana de cara a evitar una pena de prisión. Él siempre lo negó, afirmando que los beneficios del concierto irían destinados a su fundación Make a Difference, encargándose de que médicos estadounidenses viajaran a la URSS para enseñar métodos modernos de tratamiento para la adicción a las drogas (por aquel entonces los galenos soviéticos tenían el electro–shock como terapia más avanzada al respecto).

Pero aparte de esta primera controversia, lo que no admite discusión es que llevar a un festival contra las drogas a algunos de los mayores drogadictos de la escena del hard rock y el heavy metal fue una preciosa idea de bombero.

El cartel contaba con nombres de primer orden como Bon Jovi, Cinderella, Gorky Park, Skid Row, Scorpions, Mötley Crüe y Ozzy Osbourne. Y menos los Crüe (en pleno proceso de rehabilitación) y tal vez Bon Jovi y Scorpions, el resto bebieron y se metieron como de costumbre, arrastrando por el fango el leit motiv del festival con tóxica y etílica alegría. De hecho el cachondo de Ozzy hasta se permitió incluir en su set list el clásico de Sabbath «Sweet Leaf», una más que conocida oda al consumo de cannabis en toda regla. Finalmente hubo varias broncas entre bambalinas, con Mötley Crüe quejándose de que a ellos no les dejaban usar pirotecnia y a los mimados de Bon Jovi sí, celos y tonterías varias, hasta acabar con Tommy Lee soltándole un puñetazo a McGhee. Nada del otro mundo aunque sí provocó que tanto Mötley Crüe como poco más tarde Bon Jovi se deshicieran del dudoso mánager.

Musicalmente el evento fue histórico, como no podía ser de otro modo estando algunas de las mejores bandas del panorama hard sobre las tablas, y solo hace falta echarle un ojo a la filmación de los shows para ver al público ruso pasándoselo en grande.

Como punto negativo en lo musical cabe apuntar, eso sí, que este festival (junto con una tanda de diez actuaciones el año anterior en Leningrado) inspiró a Klaus Meine para componer ese himno oficioso de la perestroika y el glásnost llamado «Wind of Change», que desde entonces y en perversa comandita con «In The Army Now» de Status Quo tortura a diario nuestros tímpanos desde las radiofórmulas de medio mundo.

Metal for Africa

A mediados de los ochenta, en el mundo de la música todo hijo de vecino sufrió un ataque de conciencia en lo relativo al hambre en el mundo, y más concretamente al hambre en África y les dio por grabar discos a beneficio de tan noble causa. Primero fue el inefable Bob Geldof, que junto a Midge Ure se sacó de la manga el proyecto Band Aid reuniendo a un supergrupo de estrellonas –la mayoría británicas– para grabar el tema «Do They Know It's Christmas?» en 1984, un exitazo que tuvo su versión en directo al año siguiente con el conocido Live Aid. Ese mismo año al otro lado del charco Michael Jackson y Lionel Richie componían y editaban «We Are The World» reuniendo a la plana mayor del pop y el rock americano del momento y cosechando un éxito todavía mayor. Pero en esas que también a principios de 1985, mientras participaban en un maratón benéfico radiofónico, Jimmy Bain y Vivian Campbell –ambos miembros de la banda de Dio– cayeron en la cuenta de que en toda esa moda de ayudar a África, los músicos de hard y heavy brillaban por su ausencia y se les ocurrió plantearle la cuestión a su jefe, que se involucró de inmediato. Bautizando el proyecto como Hear n'Aid y estableciéndolo como una organización sin ánimo de lucro –para descartar sospechas y suspicacias que habían salpicado las anteriores iniciativas–, Ronnie, Jimmy y Vivian escribirían el tema «Stars» mientras repasaban su agenda y quemaban el teléfono llamando a amigos y colegas para que se apuntasen a la grabación. La comunidad metálica respondió entusiasmada y así entre el veinte y el veintiuno de mayo y en dos sesiones distintas –la primera en los estudios Sound City y la segunda en los A&M Records Studios– un plantel de primeras figuras se afanó a grabar el single. De las voces solistas se encargaron –aparte de Dio, obviamente– Rob Halford, Kevin Du-Brow, Eric Bloom, Geoff Tate, Dave Meniketti, Don Dokken y Paul Shortino. Para los solos de guitarra (seis solos nada menos), otros tantos hachas: Vivian Campbell, Carlos Cavazo, Buck Dharma, Brad Gillis, Craig Goldy, George Lynch, Yngwie Malmsteen, Eddie Ojeda y Neal Schon, mientras que Dave Murray y Adrian Smith de Maiden se encargaban de las rítmicas, Jimmy Bain del bajo y Vinny Appice y Frankie Banali de las baterías.

Y aparte, obviamente, un montón de otros colegas para los coros, en esa coreografía tan del momento en la que los ponían en unas tarimas como cuando de pequeñajo te hacían la foto de clase en el colegio, todos con las manos en los auriculares y a berrear: Ted Nugent, Chris Holmes, Blackie Lawless, Mark Stein, Vince Neil, Craig Goldy y un largo etcétera, incluyendo al actor Michael McKean, caracterizado como David St. Hubbins de Spinal Tap.

Por razones contractuales diversas «Stars» no vería la luz hasta enero de 1986, editándose en single de siete y doce pulgadas así como primer tema de un álbum recopilatorio titulado *Hear 'n Aid* que contenía otras ocho pistas, varias de las cuales aportadas por artistas que estaban de gira en el momento de la grabación del single y no pudieron participar directamente. Paralelamente se editaría asimismo en vídeo un documental de media hora titulado *Hear 'n Aid: The Sessions*, que recoge las sesiones de grabación del tema. «Stars» no vería el éxito de sus antecesores ni por asomo, y aunque obviamente vendió bien y consiguió recaudar una cantidad estimable destinada a su objetivo (un millón de dólares el primer año), se quedó en un discreto puesto veintiséis en listas.

Tonight I'm Gonna Rock You Tonight

¿Queda algún heavy, incluso en la tundra helada o los desiertos africanos, que no haya visto no una sino varias veces el film *This is Spinal Tap*? Lo dudamos pero aun así haremos una somera referencia a él por tratarse del (falso) documental definitivo sobre heavy metal. Dirigido por Rob Reiner en 1984, *This is Spinal Tap* es una tronchante parodia sobre una ficticia banda formada por Christopher Guest (Nigel Tufnel), Michael McKean (David St. Hubbins) y Harry Shearer (Derek Smalls), tres zopencos absolutos que encarnan todos los tics más ridículos y ridiculizables del mundo del metal a base de una serie de situaciones en las que casi cualquier banda se ha visto reflejada.

Imposible destacar un gag por encima de otro (el ampli de volumen al once, la banda perdiéndose por el *backstage*, el detector de metales del aeropuerto, el capricho con los sándwiches, los baterías que la palman continuamente de forma absurda y catastrófica…), sin duda lo mejor del film es la combinación entre un humor ácido, casi vitriólico, y a la vez el cariño que demuestra el director por sus personajes.

Lo cierto es que Spinal Tap ya existía antes de la película como una banda paródica sobre el heavy metal. Apareció en público por primera vez en 1979 en un programa cómico de la ABC llamado The T.V. Show, protagonizado por Rob Reiner. El sketch era en realidad un vídeo promocional para el tema «Rock and Roll Nightmare», escrito por Reiner y la banda. Tras el éxito posterior del *mockumentary*, Guest, McKean y Shearer encarnarían a la banda en numerosas ocasiones, tanto en directo como llegando a grabar y editar material a su nombre. Aparte de la propia banda sonora del film, a ningún metalhead deberían faltarle en las estanterías *Break Like the Wind* (1992) o *Back from the Dead* (2009), los dos únicos elepés reales en una discografía ficticia que incluye títulos tan míticos y descacharrantes como *We Are All Flower People* (1968), *Intravenus de Milo* (1974), *The Sun Never Sweats* (1975) *Shark Sandwich* (1980) o *Smell the Glove* (1982).

XXI. METAL EXTREMO
Forzando los límites

«La mayoría de los fans del death metal son personas inteligentes y reflexivas que simplemente sienten pasión por la música. Es el equivalente a las personas que están obsesionadas con las películas de terror o, incluso, con las recreaciones de batallas.»

Lúcida reflexión por parte de Nick Holmes, líder del supergrupo sueco Bloodbath, la cual se podría considerar no del todo objetiva, siendo parte interesada. Pero un reciente estudio llevado a cabo por el laboratorio de música de la Macquarie University de Sidney la corrobora desde una base científica.

Los investigadores reunieron a treinta y dos fans del death metal y a cuarenta y ocho que no lo eran y les pusieron los temas «Eaten» de Bloodbath y el «Happy» de Pharrell Williams, acompañados de dos fotografías al mismo tiempo, una en cada ojo: en una se veía un acto violento y en la otra una imagen inocua. Una técnica llamada rivalidad binocular, basada en que si a una persona se le presentan dos imágenes al mismo tiempo, una violenta y la otra no, verá más la violenta. Según el profesor Bill Thompson, ello sucede debido a que «el cerebro tratará de asimilarlo porque es una amenaza y probablemente hay una razón biológica».

El estudio concluyó que «si los fans de la música violenta fueran insensibles a la violencia, que es lo que preocupa a muchos padres o grupos religiosos, no mostrarían el mismo sesgo. Pero mostraron la misma respuesta a esas imágenes violentas que las personas que no eran fans de este tipo de música».

Otro mito ancestral –el de los fans del death presentados como hordas de psicópatas caníbales en potencia– desmontado por el frío análisis del método científico. Pero a pesar de ello, el género (y por extensión todo el metal extremo) no se ha librado de protagonizar unos cuantos episodios entre lo curioso, lo absurdo y lo directamente cafre. Como todo hijo de vecino, vamos.

Deicide: matar a Dios y llevar el niño al cole

Si hubiera que nombrar un bocazas oficial dentro del death metal el líder de Deicide, Glen Benton, optaría al puesto con avales más que suficientes. Voluntariamente polémico, blasfemo y fanfarrón –especialmente en los noventa–, empieza uno a contar sus animaladas y no para. Se las ha tenido con Corey Taylor, con Dave Mustaine (a quién tildó de prolapso rectal, inserten risas por favor), con sus ex compañeros en Deicide Eric y Brian Hoffman, con Dios y con su madre.

Y hablando de Dios, por si algo es conocido entre prensa y fans, más allá de por liderar una de las mayores bandas de death del mundo, es por su radical anti cristianismo. En realidad reconoce profesar creencias en el satanismo teísta y siempre se ha declarado contrario a todas las religiones, aunque los cristianos en particular le irritan de modo especial. Y para demostrar esa fobia, a principios de los noventa efectuó unas chocantes declaraciones afirmando que se suicidaría cuando cumpliera treinta y tres años para reflejar una esperanza de vida opuesta a la de Jesucristo. Considerando que Cristo murió a esa edad, cuesta entender un poco a qué puñetas se refería pero llegó el año 2000, Benton cumplió los treinta y tres y aquí sigue entre nosotros casi veinte años después, más fresco que una lechuga. Nadie se sorprendió demasiado, también es cierto.

Con todo y con ello la fama de controvertidos –sus portadas, letras e imagen ponen nerviosa a bastante gente– les ha acompañado durante gran parte de su carrera. Prohibidos en varios medios y festivales, de lo único que podemos estar más o menos seguros que no es teatro es de la cruz invertida que nuestro amigo lleva grabada en la frente, símbolo de sus creencias satánicas. Que nos lo cuente él mismo, por eso…

«Conseguí una cruz de capilla de plata, la sujeté a un hierro de marcar, la calenté con un soplete y la apliqué mi frente.» ¡Ouch! La sensación debió ser un poco incómoda, sin duda, pero por Satán lo que sea, oigan. Benton repitió el procedimiento varias veces más en lo sucesivo para conseguir la forma y profundidad idóneas: «la primera vez se hinchó como un huevo en mi frente, pero ahora es todo tejido cicatrizado, así que solo lo caliento un poco y me quita la capa superior de piel» (inserten aplausos, por favor).

Pero hasta los más convencidos servidores del Maligno acaban por abrazar la vida adulta de forma más o menos convencional. Durante una entrevista para el programa de radio Full Metal Jackie con motivo de la edición de *In the Minds of Evil* (2013), Benton declaraba ser «una persona normal, un papi que se queda en casa. Me ocupo de mi hijo de doce años, lo mando a la escuela por la mañana. Hago la compra, lavo la ropa, corto el césped, soy una persona normal ... durante el día. Por la noche, cuando la Cruz comienza a mostrarse, entonces me pongo mis botas de Deicide».

El guitarrista de Cannibal Corpse, arrestado por robo y agresión a un policía

Este titular sorprendía relativamente a los fans del heavy metal de todo el mundo a finales de 2018. Relativamente porque ni era la primera vez que un músico heavy la liaba con la ley, ni posiblemente será la última. Pero cuando uno entraba al cuerpo de la notica, la cosa iba bastante más allá de una detención por conducta agresiva.

La tarde del 10 de diciembre de 2018 Pat O'Brien irrumpió en la casa de sus vecinos gritando «se acerca el rapto». Empujó a la mujer al suelo y salió corriendo hacia el patio trasero. Los vecinos lógicamente llamaron al 911 y cuando los polis llegaron se lo encuentran agazapado, escondido detrás de una cerca. Conminado a entregarse, a O'Brien no se le ocurrió otra cosa que amenazarles con un cuchillo. Descarga de Taser que te crío y arrestado bajo cargos de agresión contra un oficial de policía y robo.

Y a todo esto, su casa ardiendo hasta los cimientos mientras en su interior se escuchaban diversas detonaciones. Tras sofocar las llamas, los bomberos descubrieron un tremendo arsenal. O'Brien tenía en casa nada menos que cincuenta fusiles, una recortada, diez rifles semiautomáticos incluyendo un AK-47, dos armas estilo Uzi, veinte pistolas y dos lanzallamas. Y por supuesto, cientos de cargadores almacenados en cajas, latas de metal y cananas, así como muchas otras armas blancas... ¡y tres cráneos! Eso sí, según el Tampa Bay Times aparte de la recortada O'Brien poseía todas las otras armas de forma legal. ¡Dios salve América!

Unos días después de tan tragicómico suceso, el mismo periódico revelaba que antes de ese violento episodio de enajenación el guitarrista ya habría advertido a sus parientes acerca de ese «rapto» y de que «los extraterrestres habían aterrizado». Parece obvio que algunos plomos se habían fundido en su cabeza.

Finalmente fue puesto en libertad bajo una fianza de 50.000 dólares; las imágenes que trascendieron de O'Brien ante el juez mostraban a un hombre con la mirada perdida, como ajeno a lo que sucedía a su alrededor. Cannibal Corpse, que en principio guardó silencio, emitió finalmente un comunicado en la que aseguraban que O'Brien estaba con su familia y amigos, recibiendo la ayuda que necesita y que esperaban que se recuperara.

A los nazis, napalm

El quince de julio de 1994, las leyendas del grindcore Napalm Death se encontraron compartiendo el cartel del festival Rock Summer en Tallin, Estonia, con una banda moscovita de thrash llamada Korrozia Metalla, a los que ya conocían de antes. Según Barney Greenway, líder de los británicos: «yo había visto un documental del Channel 4 sobre los vínculos entre las bandas rusas de thrash metal y un político fascista llamado Vladimir Zhirinovsky. Habíamos tocado con Korrozia Metalla justo antes de la Navidad de 1991». En aquella ocasión todo fue bien pero tras ver el documental Greenway trató de contactar con los rusos, sin conseguirlo.

Napalm Death, gente risueña.

Al encontrarse de nuevo en el Rock Summer, el cantante sintió que tenía que asegurarse y les preguntó más o menos veladamente sobre el documental, a lo que los rusos comentaron que todo era falso y estaban incluso pensando en una demanda judicial. No convencido del todo, Greenway insistió: ¿por qué tenéis títulos de canciones como «Kill All The Bloody Foreigners», entonces?' Su respuesta fue: '¿te gustan los turcos, también?'»

Barney se largó de allí, decepcionado. Y ahí hubiera quedado la cosa si el guitarra de Korrozia Metalla no hubiera pedido hacer una entrevista con ellos. «Yo no hago entrevistas con nazis», soltó Barney. El tipo le empujó, él devolvió el empujón y Shane Embury, el bajista de Napalm Death, saltó y le soltó un puñetazo en la cabeza. Ya estaba liada y se montó una buena tangana. En honor a la verdad los rusos demostraron no ser especialmente avispados. O no tener ni idea de quién son Napalm Death, cuya postura respecto al fascismo nunca fue precisamente de complacencia: ya un año antes, en junio de 1993, habían publicado su EP *Nazi Punks Fuck Off* versionando el clásico de los Dead Kennedys. Más pista que esa...

Carcass se ponen vacunos

Aparte de por sus coloristas y bucólicas portadas, los ingleses Carcass son conocidos por practicar un death metal y un grindcore de los que trepanan a base de bien, pero de su amor por la música country –al menos por parte de Jeff Walker, bajista y cantante de la banda– poco o nada se sabía fuera de sus círculos más cercanos.

Por ello encontrarse en 2006 con que Walker se sacara de la manga un disco de country metal fue una sorpresa más que agradable. *Welcome To Carcass Cuntry*, editado bajo el nombre de Jeff Walker Und Die Fluffers contó con una pléyade de nombres invitados (Billy Gould de Faith No More, el cantante de H.I.M. Ville Valo, Danny Cavanagh de Anathema, Nicke Andersson de Entombed y Hellacopters o sus propios compañeros en Carcass Bill Steer y Ken Owen entre otros) que repasaron con buena fortuna once clásicos del country –de los obligados Hank Williams y Johnny Cash a nombres menos obvios, caso de Luke McDaniel, Werner Theunissen y Mickey Newbury– aunque sin ánimo de crear un nuevo estilo o nada parecido, sino simplemente pasar un buen rato y dejar grabadas unas curiosas versiones entre lingotazo y lingotazo. Con todo el respeto, eso sí, como bien se encargó de recalcar el propio Walker en una entrevista a la revista *Decibel*: «no creo que nadie con una experiencia como la mía lo haya hecho, y está hecho con respeto, no en plan de cachondeo». La portada, por cierto, fue obra de Larry Welz, el padre de *Cherry*, un artista que a buen seguro conocerán todos aquellos aficionados al comic *underground* americano.

Carcass, hora de la merienda.

La sombra de una duda

El nueve de septiembre de 2017 la banda polaca de death metal Decapitated fue arrestada en Santa Ana, California, acusada de secuestro y violación. Según la noticia, que dejó perpleja a la comunidad metálica, tras un concierto en Spokane, Washington nueve días antes una mujer denunció a la policía que el grupo la había retenido contra su voluntad junto a una amiga, en el autobús de gira, y que la habían violado. La denuncia incluía acusaciones también de agresión sexual hacia la otra mujer.

Decapitated, pesadilla americana.

Un asunto feísimo que tuvo en vilo a la banda –que se declararon inocentes– y sus fans hasta que a principios de 2018 los fiscales del condado
de Spokane retiraron todos los cargos. Steve Graham, abogado del guitarra
Waclaw Kieltyka, declaró que la policía podría haber sido mal informada
sobre lo que sucede en los conciertos de metal y que podría explicar las heridas («hematomas importantes en la parte superior de los brazos y pequeñas
abrasiones en los nudillos») que presentaba la mujer, una de las pruebas en
el caso.

«Citamos a una lista de asistentes al concierto –continuó el abogado– y
encontramos a muchas personas que afirmaban que la mujer estaba en primera fila del *mosh pit*, tratando de subir al escenario, y que empujaba tanto
como cualquier otro allí.»

La credibilidad de la parte acusadora fue puesta en entredicho, más al
descubrirse que en 2014 la misma mujer admitió haber mentido a la policía
sobre las lesiones que sufrió durante un asalto, cuando su novio fue acusado
de apuñalar a tres personas. Más tarde se determinó que fue su propio novio
quien la había agredido. Así las cosas y aunque aún pendientes de juicio,
Decapitated pudieron por fin regresar a casa y recomponer su carrera allí
donde quedó interrumpida.

La banda más idiota del Universo

Puede que no lo fueran, pero Anal Cunt (nombre de un tema de G.G. Allin
por cierto) se esforzaron en parecerlo. Practicantes de lo que algunos denominaron noisegrind, los de Massachusetts no pueden faltar en cualquier
selección de idioteces metálicas que se precie.

Seth Putnam, su ¿cantante? era conocido por sus excesos. Ya antes de
morir de un infarto en 2011 con tan solo cuarenta y tres años, había sido
hospitalizado en 2004 a consecuencia de una sobredosis por una letal combinación de crack, cocaína, alcohol, heroína y somníferos. Dos meses estuvo
en coma hasta despertar hecho un guiñapo: parálisis, problemas psíquicos…
de los que en cierto modo se sobrepuso parcialmente.

¿Su herencia? Un puñado de discos repletos de gritos, caos, ruido y letras
obscenas e insultantes hasta la autoparodia. Puede que su sentido del humor
no sea del agrado de todo el mundo, es comprensible, pero en un libro como
este no podíamos dejar de hacernos eco de algunos de los más chirriantes
títulos de unas canciones (la mayoría de menos de medio minuto) tan imbé-
ciles como impactantes. Un top ten cretino casi insuperable.

Seth Putnam, el poder del eructo.

«Hitler was a sensitive man»
Hitler era un hombre sensible
«You're pregnant so I kicked you in the stomach»
Estás embarazada así que te pateé en la barriga
«Domestic Violence Is really, really funny»
La violencia doméstica es muy, muy divertida
«I Intentionally Ran over your Dog»
Atropellé intencionadamente a tu perro
«Your Kid committed Suicide because you Suck»
Tu hijo se suicidó porque das asco
«I Pushed your Wife in Front of the Subway»
Empujé a tu mujer al metro
«I Ate You Horse»
Me zampé a tu caballo
«I Sold Your Dog To A Chinese Restaurant»
Vendí tu perro a un restaurante chino
«Your Favourite band is Supertramp (You're Gay)»
Tu banda favorita es Supertramp (eres gay)
«Limp Bizkit think they are Black, but they are just Gay»
Limp Bizkit se creen que son negros, pero no son más que gays

PORTADAS CON HISTORIA
BRUJERIA
Matando Güeros
(Roadrunner, 1993)

Matando Güeros salió a la calle en 1993. Internet ni estaba ni se le esperaba, y los miembros de la banda ocultaban sus caras bajo pañuelos y
esgrimían machetes. Y aunque en realidad quien se ocultaba bajo esas
bandanas y alias era una mezcla de músicos mexicanos y norteameri-
canos (Shane Embury de Napalm Death, Jello Biafra, Billy Gould de
Faith No More o Dino Cazares de Fear Factory entre otros), en los
primeros años, por su imagen y sus letras, corrió el rumor de que eran
una especie de cártel satánico. Nada muy extraño si pensamos que el
mismo año en que se formaron, 1989, se desmanteló en Matamoros,
estado de Tamaulipas, un culto que traficaba con drogas, secuestraba
y asesinaba y, de postre, descuartizaba a sus víctimas para usar sus
restos en ceremonias de santería, palo mayombe y demás guateques.
Un culto apodado precisamente Los Narcosatánicos.

Y la portada de su primer elepé no hizo nada por cambiar esa percepción. Desde el mismo título, tan escasamente amigable –güero es
una forma coloquial de referirse a la gente de tez pálida y cabello
rubio, casi un sinónimo de gringo– hasta esa impactante imagen de

una cabeza cortada, con la mitad del rostro quemado y sostenida por una mano frente a un trapo blanco. Cabeza –de un narco ejecutado, se rumoreó– que pronto se convertiría en mascota de la banda, bautizada como Coco Loco. El impacto estaba servido, y dos docenas de países se negaron a vender el disco, teniendo que ofrecer el sello una portada alternativa en negro. ¿De dónde salió, no obstante, aquella bonita instantánea?

Juan Brujo, frontman de la banda desde sus inicios lo contaba así en 2016 para el canal Uforia: «la vi en una portada del Alarma! (truculento semanario mexicano de sucesos, N. Del A.) pero cuando llevé el periódico para hacer la portada la foto ya estaba mas vieja que mi abuela. Para usarla legalmente tuve que llamar al fotógrafo (…) El señor me gritó que no podía dejarme usarla por respeto a la familia del muerto. Hasta que le dije que tenia dinero para pagarle. Después de un minuto de silencio el corajudo me pregunta: '¿Cuánto tienes?' Yo le dije, '300'. '¿Mejicanos?', preguntó. 'No señor, americanos. Y te los mando por wire de banco ahorita mismo si quieres'. El corajudo me contestó rápido: 'Ya está. Me mandas la feria y te mando las fotos por FedEX hoy mismo'». Poderoso caballero, dicen…

XXII. ANEXOS

Cuestionario metálico

Aparte de culturizarse y contribuir a engrosar mi abultadísima cuenta corriente, si están ustedes leyendo este libro resulta igualmente innegable que poseen un corazón más jevi que el timbre de Mordor. Pero como nunca hay que bajar la guardia, podemos y debemos sospechar que entre nosotros se haya colado más de un diletante, o incluso –en el peor de los casos– un profano.

Para detectarlos y al menos –ante la imposibilidad de desterrarlos– dejarlos en evidencia hemos elaborado este preciso cuestionario con el que podrán ustedes, hermanos del metal, demostrar sus conocimientos. Veinticinco preguntas no demasiado fáciles pero tampoco extremadamente complicadas.

Tomen lápiz y papel, descorchemos unas cervezas y ratifiquemos nuestra fe a base de cultura metálica.

Las respuestas vienen a continuación.

1. ¿De quién era propiedad Tittenhurst Park, el estudio –y la mansión en que se encontraba– donde Judas Priest grabaron *British Steel* en 1980?

2. ¿La punta de qué dos dedos perdió Tony Iommi tras sufrir un accidente con una prensa en la fábrica en la que trabajaba?

3. ¿Qué banda estadounidense ha titulado todos sus discos hasta la fecha en riguroso orden alfabético?

4. ¿De quién es hijo el niño que sale en negativo en la portada del *Possessed* (1985) de Venom?

5. ¿A quién está dedicado *Eaten Back to Life* (1990), el elepé de debut de Cannibal Corpse?

6. ¿Qué pequeño gran guitarrista se convirtió en maestro relojero titulado por escuelas tan prestigiosas como la Wostep Watchmaking School de Neuchatel o la Bulova School de Nueva York?

7. ¿Qué famoso actor británico hizo un cameo para Iron Maiden interpretando a un iracundo profesor en el vídeo de «Can I Play with Madness»?

8. ¿Quién era en realidad Anton Crowley, guitarrista de Necrophagia en el elepé *Holocausto de la Morte* (1998) y los Eps *Black Blood Vomitorium* (2000) y *Cannibal Holocaust* (2001)?

9. ¿Qué cuatro bandas americanas son conocidas como The Big Four of Thrash Metal?

10. ¿Quién dobló el rugido del Rey Escorpión en *El Regreso de la Momia* (2001)?

11. ¿Cuál es el nombre completo de Robert Trujillo, bajista de Metallica desde 2003?

12. ¿Qué tres grandes bandas de doom fueron agrupadas a principios de los noventa bajo la etiqueta de The Peaceville Three?

13. En el álbum *Mental Vortex* (1991) de los suizos Coroner, ¿con qué versión de un tema de los Beatles se cerraba la cara B?

14. ¿Qué banda pionera del heavy metal y el doom no vio editado su primer elepé oficial –homónimo– hasta catorce años después de su formación?

15. En 1986 Ozzy Osbourne y Gene Simmons hicieron sendas apariciones en un film de terror de serie B. ¿Cuál era el título de la película?

16. En el vídeo de la canción «Back For More» de Ratt aparecen dos famosos músicos de la escena de Los Angeles disfrazados de policía, haciendo un divertido cameo. ¿De quién se trata?

17. ¿Qué documental estrenado en 1988 –como parte de una trilogía– se centraba en la escena del hair metal angelino?

18. A finales de 1980 Motörhead y Girlschool se unieron temporalmente para un proyecto llamado Headgirl, colaboración que dio como resultado un famoso EP editado en febrero de 1981 y titulado...

19. En la Römerplatz, situada en la ciudad alemana de Frankfurt, existe una fuente coronada por una estatua esculpida en el siglo XIX,

que representa a la justicia. ¿Para la portada de qué disco se tomó dicha estatua como modelo?

20. ¿Qué banda de hard rock noruega tomó su nombre de un personaje de la serie *Twin Peaks*?

21. ¿Qué dos guitarristas británicos fueron conocidos como The Terror Twins?

22. ¿Qué famoso cantante de heavy metal aparece como extra haciendo headbanging en el vídeo de «Smells Like Teen Spirit» de Nirvana?

23. ¿A qué hacen referencia los nombres Murder One, No Remorse, Marsha y Killer?

24. ¿En qué álbum de 1998 participó como narradora en algunos pasajes la actriz Ingrid Pitt, famosa por sus papeles de vampira en algunos films de la Hammer?

25. ¿Qué guitarrista de thrash metal lidera además su propia banda de jazz?

Respuestas cuestionario

1. De Ringo Starr

2. Corazón y anular

3. Morbid Angel

4. Es el hijo de Abaddon, batería del grupo. La niña a su lado es la sobrina de Keith Nichol, productor del álbum.

5. A Alferd Packer (1842 – 1907), explorador y guía considerado –según ellos– el primer caníbal norteamericano.

6. Dan Spitz, guitarra de Anthrax desde 1983 hasta 1995.

7. Graham Chapman de los Monty Python, en una de sus últimas apariciones televisivas antes de su muerte en octubre de 1989.

8. Phil Anselmo, vocalista de Pantera, Down y Superjoint Ritual.

9. Metallica, Slayer, Megadeth y Anthrax.

10. Max Cavalera, cantante y guitarra de Sepultura y Soulfly.

11. Roberto Agustín Miguel Santiago Samuel Pérez de la Santa Concepción Trujillo Veracruz Bautista.

12. Paradise Lost, Anathema y My Dying Bride.

13. «I Want You (She's So Heavy)»

14. Pentagram

15. *Trick or Treat*

16. Nikki Sixx y Tommy Lee, de Mötley Crüe.

17. *The Decline of Western Civilization, part 2: The Metal Years*

18. *St. Valentine's Day Massacre*

19. *And Justice for All*, de Metallica.

20. Audrey Horne

21. Steve Clark y Phil Collen, de Def Leppard

22. Burton C. Bell, frontman de Fear Factory

23. Son los apelativos con los que Lemmy bautizó a sus amplis

24. *Cruelty and the Beast*, el disco conceptual de Cradle of Filth sobre Elizabeth Báthory.

25. Alex Skolnick, de Testament.

BIBLIOGRAFÍA

Abrams, Howie y Jenkins, Sacha, *Merciless Book of Metal Lists*, Abrams Image, 2013.

Brannigan, Paul y Winwood, Ian, *Nacer. Crecer. Metallica. Morir*, Malpaso, 2018.

Christe, Ian, *El Sonido de la Bestia. La Historia del Heavy Metal*, Ma Non Troppo, 2005.

Dickinson, Bruce, ¿Qué hace este boton?: *una Autobiografía*, Harper Collins, 2018.

Fletcher, K. F. B. y Umurhan, Osman, *Classical Antiquity in Heavy Metal Music*, Bloomsbury Academic, 2019.

Gibson, Blairn, *From The Minds Of Madness: The Origins Of Heavy Metal Band Names*, Rymefire Books, 2012.

Gregory, Mark, *No Sleep Till Saltburn: Adventures On The Edge Of The New Wave Of British Heavy Metal*, CreateSpace, 2013.

Hjelm, Titus, Kahn–Harris, Keith y LeVine, Mark, *Heavy Metal: Controversies and Counterculture*, Equinox Publishing, 2013.

Ias, Scott, *I'm the Man: The Story of That Guy From Anthrax*, Da Capo, 2014.

Kilmister, Lemmy y Garza, Janiss, *Lemmy, La Autobiografía*, Es Pop, 2015.

Klosterman, Chuck, *Fargo Rock City*, Es Pop, 2011.

McParland, Robert, *Myth and Magic in Heavy Metal Music*, McFarland & Company, Inc, 2018.

Morano, Aye Jay, *The Heavy Metal Fun Time Activity Book*, ECW Press, 2003.

Moynihan, Michael y Søderlind, Didrik, *Señores del Caos: el Sangriento Auge del Metal Satánico*, Es Pop ensayo, 2017.

Mudrian, Albert, *Precious Metal: Decibel Presents the Stories Behind 25 Extreme Metal Masterpieces*, Da Capo Press, 2009.

Mustaine, Dave y Layden, Joseph, *Mustaine: A Heavy Metal Memoir*, It Books, 2010.

O'Neill, Andrew, *La Historia del Heavy Metal*, Blackie Books, 2018.

Popoff, Martin, *The Big Book of Hair Metal: The Illustrated Oral History of Heavy Metal's Debauched Decade*, Voyageur Press, 2014.

Rubio, Salva, *Metal Extremo: 30 años de oscuridad (1981–2011)*, Milenio, 2011.

Wiederhorn, Jon y Turman, Katherine, *Louder Than Hell: The Definitive Oral History of Metal*, It Books, 2013.

WEBGRAFÍA

http://newwaveofbritishheavymetal.com/

https://music.avclub.com/the–onion–interviews–glen–benton–of–decide–1798207840

https://www.billboard.com/articles/columns/rock/7882158/def–leppard–hysteria–album–anniversary

http://metalbrothers.es/bios/anecdotas/

http://anecdotariodelrock.blogspot.com/2010/03/la–religion–del–heavy–metal.html

https://aminoapps.com/c/metal–amino/page/blog/anecdotas–en–el–mundo–del–metal/n5Dq_43QcLuMj6wMgbREV7p34m4xwlWrgWL

https://www.taringa.net/+heavymetal/datos–curiosos–y–anectodas–del–heavy–metal_l1lt9

https://loudwire.com/100–metal–facts/

https://listverse.com/2015/07/11/10–shocking–things–done–in–the–name–of–black–metal/

https://www.ranker.com/list/black–metal–violence–and–creepiness/willgish

https://vicisitudysordidez.com/2007/09/los–diez–momentos–ms–gay–de–la–historia.html

https://www.rollingstone.com/music/music–lists/decade–of–decadence–a–timeline–of–the–eighties–sunset–strip–157726/

https://www.researchgate.net/publication/261876635_Demons_Devils_and_Witches_The_Occult_in_Heavy_Metal_Music

https://www.loudersound.com/features/coven–blood–oaths–and–the–real–story–of–how–heavy–metal–was–born

https://www.loudersound.com/features/satan–heavy–metal–acdc–iron–maiden–rainbow–queen–666

https://listverse.com/2011/07/09/top–10–myths–about–metal/

https://www.trend–chaser.com/music/ferocious–facts–about–the–go-dfather–of–heavy–metal–ozzy–osbourne/?view–all&chrome=1

https://andriyvasylenko.com/2017/10/36–facts/

https://www.ranker.com/list/slayer–band–facts/jessika–gilbert

https://consequenceofsound.net/2019/03/study–death–metal–music–sparks–joy–not–violence/

https://www.iflscience.com/plants–and–animals/death–metal–can–be–used–attract–great–white–sharks/

https://www.muyinteresante.es/salud/articulo/psicologia–del–heavy–metal

https://www.factinate.com/things/42–thunderstruck–facts–acdc/

http://hippierefugee.blogspot.com/2016/12/top–25–metal–mascots.html

PLAYLIST

Si quieres escuchar algunas de las canciones que hacen referencia a las historias de este libro aquí tienes un link que te conducirán a ellas:

https://sptfy.com/4Fz6

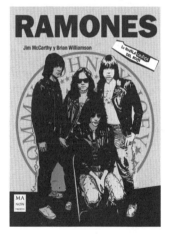

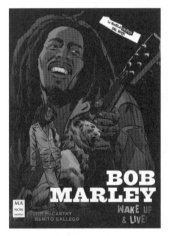

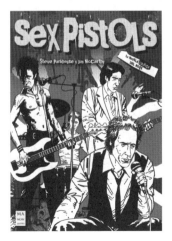

MA NON TROPPO

Guías del Rock & Roll

Andrés López Martínez

HEAVY METAL

Historia, cultura, artistas y álbumes fundamentales

MA NON TROPPO

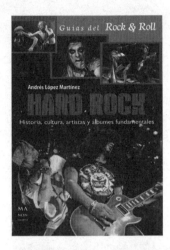

Guías del Rock & Roll

Andrés López Martínez

HARD ROCK

Historia, cultura, artistas y álbumes fundamentales

MA NON TROPPO

Andrés López Martínez

Mitos del Rock & Roll

IRON MAIDEN

Vida, canciones, simbología, conciertos clave y discografía

MA NON TROPPO

Eloy Pérez Ladaga

Mitos del Rock & Roll

KISS

Vida, canciones, simbología, conciertos clave y discografía

MA NON TROPPO

Matías Recis
Daniel Gaguine

METALLICA

FURIA, SONIDO Y VELOCIDAD

LA VERDAD SOBRE LA MÁS CÉLEBRE BANDA DE **METAL**

MA NON TROPPO

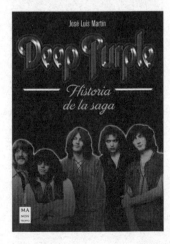

José Luis Martín

Deep Purple

Historia de la saga

MA NON TROPPO